Projeto

LUMIRÁ

HISTÓRIA 3

Organizadora: Editora Ática S.A.
Obra coletiva concebida pela Editora Ática S.A.
Editora responsável: Heloisa Pimentel

Material de apoio deste volume:

- Cartonados e adesivos

editora ática

editora ática

Diretoria editorial
Lidiane Vivaldini Olo
Gerência editorial
Luiz Tonolli
Editoria de Ciências Humanas
Heloisa Pimentel
Edição
Regina Gomes,
Thamirys Gênova da Silva e Mariana Renó Faria (estagiárias)
Gerência de produção editorial
Ricardo de Gan Braga
Arte
Andréa Dellamagna (coord. de criação),
Talita Guedes (progr. visual de capa e miolo),
Claudio Faustino (coord.),
Eber Alexandre de Souza (edição);
Lívia Vitta Ribeiro, Luiza Massucato e Casa de Tipos (diagram.)
Revisão
Hélia de Jesus Gonsaga (ger.),
Rosângela Muricy (coord.),
Ana Curci, Luís Maurício Boa Nova,
Patrícia Travanca e Paula Teixeira de Jesus;
Brenda Morais e Gabriela Miragaia (estagiárias)
Iconografia
Sílvio Kligin (superv.),
Denise Durand Kremer (coord.),
Sara Plaça (pesquisa),
Cesar Wolf e Fernanda Crevin (tratamento de imagem)
Ilustrações
Estúdio Icarus CI – Criação de Imagem (capa),
Vicente Mendonça, Bruno Del Rey,
Evandro Luiz, Weberson Santiago,
e Rodval Matias (miolo)

Avenida das Nações Unidas, 7221, 3º andar, Setor A
Pinheiros – São Paulo – SP – CEP 05425-902
Tel.: 4003-3061
www.atica.com.br / editora@atica.com.br

Dados Internacionais de Catalogação na Publicação (CIP)
(Câmara Brasileira do Livro, SP, Brasil)

Projeto Lumirá: história : ensino fundamental I / obra coletiva concebida pela Editora Ática ; editor responsável Heloisa Pimentel. – 2. ed. – São Paulo : Ática, 2016.
Obra em 4 v. para alunos do 2º ao 5º ano.

1. História (Ensino fundamental) I. Pimentel, Heloisa.

16-00039 CDD-372.89

Índice para catálogo sistemático:
1. História : Ensino fundamental 372.89

2017

ISBN 978 85 08 17860 5 (AL)
ISBN 978 85 08 17861 2 (PR)
Cód. da obra CL 739153
CAE 565 961 (AL) / 565 962 (PR)
2ª edição
3ª impressão
Impressão e acabamento:
A.R. Fernandez

Elaboração de originais

Elaine Ricci Pedroso

Licenciada em Pedagogia pela Universidade São Judas Tadeu (USJT-SP)
Pós-graduada (*latu sensu*) em Neuroeducação pelo Centro Universitário Ítalo Brasileiro (UniÍtalo)
Professora do Ensino Fundamental da rede particular de ensino de São Paulo (SP)

Tathiane Gerbovic

Licenciada em História pela Faculdade de Educação da Universidade de São Paulo (USP)
Mestra em História Econômica pela Faculdade de Filosofia, Letras e Ciências Humanas da Universidade de São Paulo (USP)
Doutoranda em História Econômica pela Faculdade de Filosofia, Letras e Ciências Humanas da Universidade de São Paulo (USP)
Editora e elaboradora de livros didáticos

Marianka Gonçalves Santa Bárbara

Licenciada em Letras pela Universidade Federal de Campina Grande (UFCG-PB)
Mestra em Linguística Aplicada pela Pontifícia Universidade Católica de São Paulo (PUC-SP)
Professora da Cogeae-PUC-SP

Projeto LUMIRÁ

Este é o seu livro de
História do 3º ano.

Escreva aqui o seu nome:

____

____

Este livro vai ajudar você a pensar sobre tudo o que já sabe, a investigar o mundo, a questionar o que vai aprender e a descobrir mais sobre a passagem do tempo, a nossa cultura, as cidades e suas histórias e muitos acontecimentos do passado.

Mãos à obra!

CARO ALUNO

Você está começando seu ano escolar. Ao longo desse tempo, você vai aprender coisas novas e importantes para seu dia a dia e para o futuro, como:

- ler e escrever, reconhecendo palavras, sons e textos;
- identificar números, operações e figuras;
- conhecer o corpo humano, os animais e a natureza;
- desvendar o lugar em que vivemos;
- entender a história das pessoas e das cidades.

O **Projeto Lumirá** vai ser seu companheiro. Nele você vai encontrar textos, atividades, jogos, ilustrações e fotografias muito interessantes. Você vai aprender, participar das descobertas e se divertir muito.

Bom estudo!

COMO É O MEU LIVRO?

Este livro tem quatro Unidades, cada uma delas com três capítulos. No final, na seção **Para saber mais** há indicações de livros, vídeos e *sites* para complementar seu estudo.

ABERTURA DE UNIDADE

Você observa a imagem, pensa em tudo o que já conhece e troca ideias com os colegas.

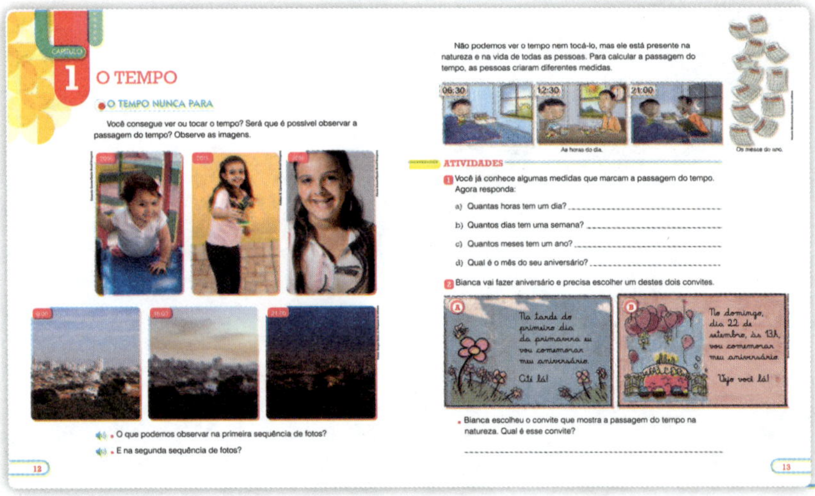

CAPÍTULOS

Textos, fotografias e mapas vão motivar você a pensar, questionar e aprender. Há atividades sobre cada tema. No final do capítulo, a seção **Atividades do capítulo** traz mais exercícios para completar seu estudo.

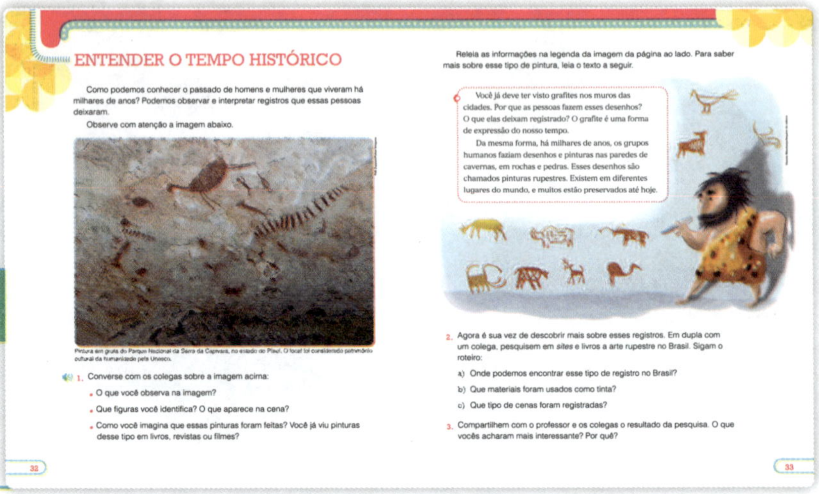

ENTENDER O TEMPO HISTÓRICO

Este é o momento de descobrir o que aconteceu no passado por meio do estudo de imagens e textos.

ÍCONE

Atividade oral

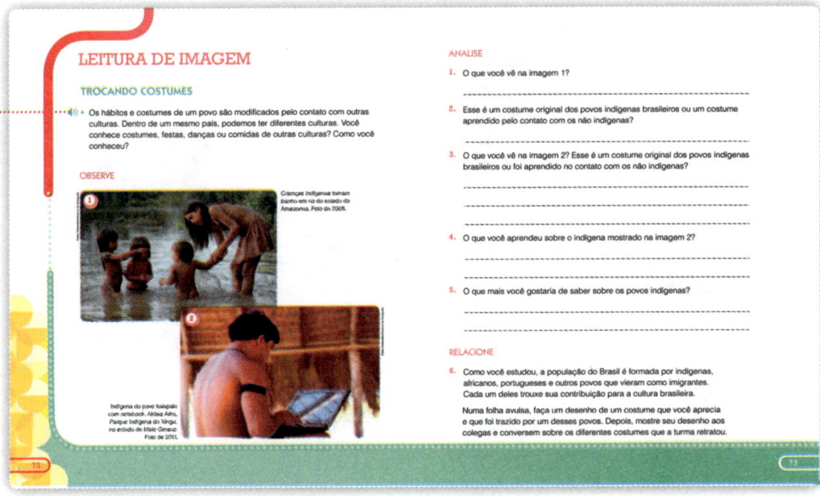

LEITURA DE IMAGEM

Nesta seção você vai trabalhar com imagens. As fotografias ajudam você a refletir sobre os temas estudados.

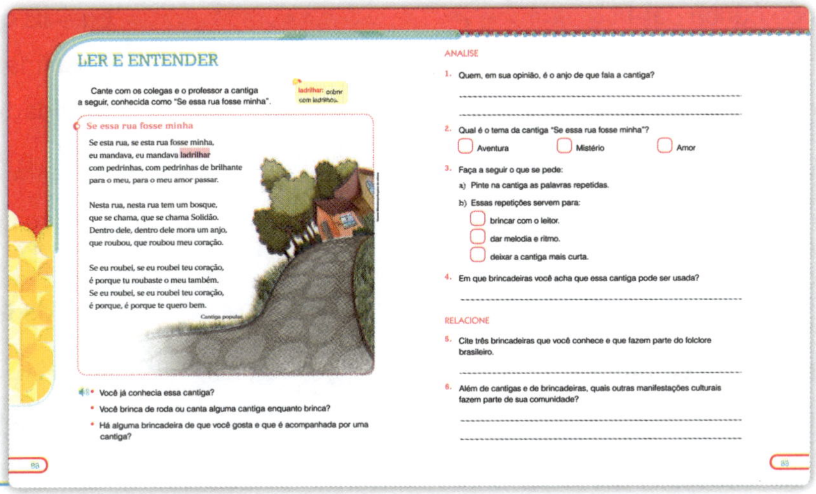

LER E ENTENDER

Aqui você vai ler diferentes textos. Um roteiro de leitura vai ajudar você a ler cada vez melhor e a relacionar o que leu aos conteúdos estudados.

O QUE APRENDI?

Aqui você encontra atividades para pensar no que aprendeu, mostrar o que já sabe e refletir sobre o que precisa melhorar.

SUMÁRIO

Photo 12/Glow Images

George Holton/Photoresearchers/Latinstock

UNIDADE 1

UNIDADE 2

Reprodução/Galeria Jacques Ardies

Foto: Cassandra Cury/Pulsar Imagens
Ilustrações: Evandro Luiz/Arquivo da editora

UNIDADE 3

UNIDADE 4

UNIDADE 1

O TEMPO PASSA

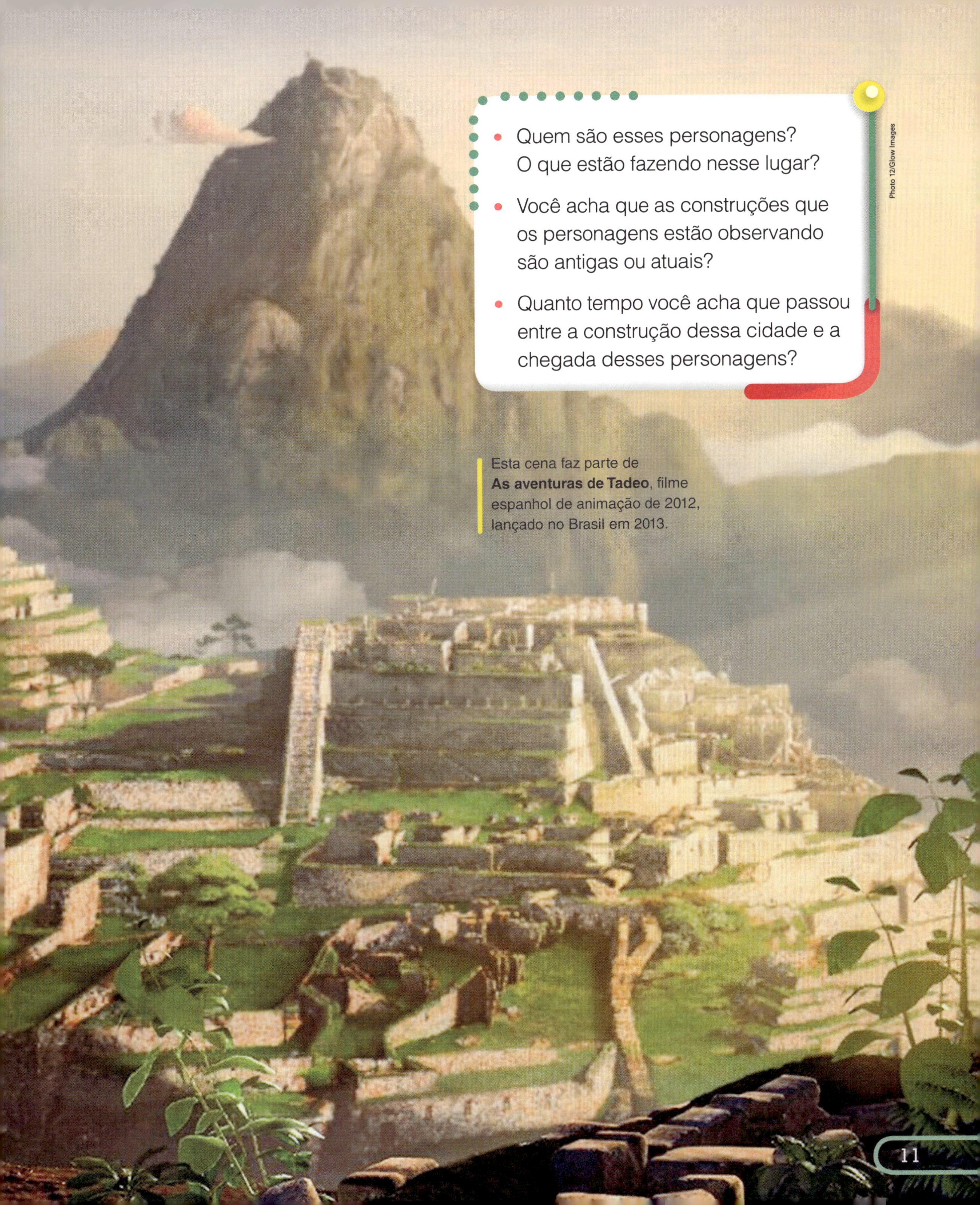

- Quem são esses personagens? O que estão fazendo nesse lugar?
- Você acha que as construções que os personagens estão observando são antigas ou atuais?
- Quanto tempo você acha que passou entre a construção dessa cidade e a chegada desses personagens?

Photo 12/Glow Images

Esta cena faz parte de **As aventuras de Tadeo**, filme espanhol de animação de 2012, lançado no Brasil em 2013.

CAPÍTULO 1

O TEMPO

O TEMPO NUNCA PARA

Você consegue ver ou tocar o tempo? Será que é possível observar a passagem do tempo? Observe as imagens.

Eduardo Garcia/Opção Brasil Imagens

Adilson B. Liporage/Opção Brasil Imagens

Flávio Veloso/Opção Brasil Imagens

Fotos: Sergio Dotta Jr./Arquivo da editora

- O que podemos observar na primeira sequência de fotos?
- E na segunda sequência de fotos?

Não podemos ver o tempo nem tocá-lo, mas ele está presente na natureza e na vida de todas as pessoas. Para calcular a passagem do tempo, as pessoas criaram diferentes medidas.

As horas do dia.

Vicente Mendonça/Arquivo da editora

Os meses do ano.

ATIVIDADES

1 Você já conhece algumas medidas que marcam a passagem do tempo. Agora responda:

a) Quantas horas tem um dia? ______________________

b) Quantos dias tem uma semana? ______________________

c) Quantos meses tem um ano? ______________________

d) Qual é o mês do seu aniversário? ______________________

2 Bianca vai fazer aniversário e precisa escolher um destes dois convites.

Bruno Del Rey/Quanta Estúdio/Arquivo da editora

- Bianca escolheu o convite que mostra a passagem do tempo na natureza. Qual é esse convite?

____

O TEMPO E VOCÊ

Pense nas atividades que você faz a cada dia. Elas são organizadas de acordo com o dia da semana? Suas atividades têm horário certo para começar e terminar?

O calendário ajuda a organizar nossas atividades ao longo da semana e do mês. Veja a imagem abaixo.

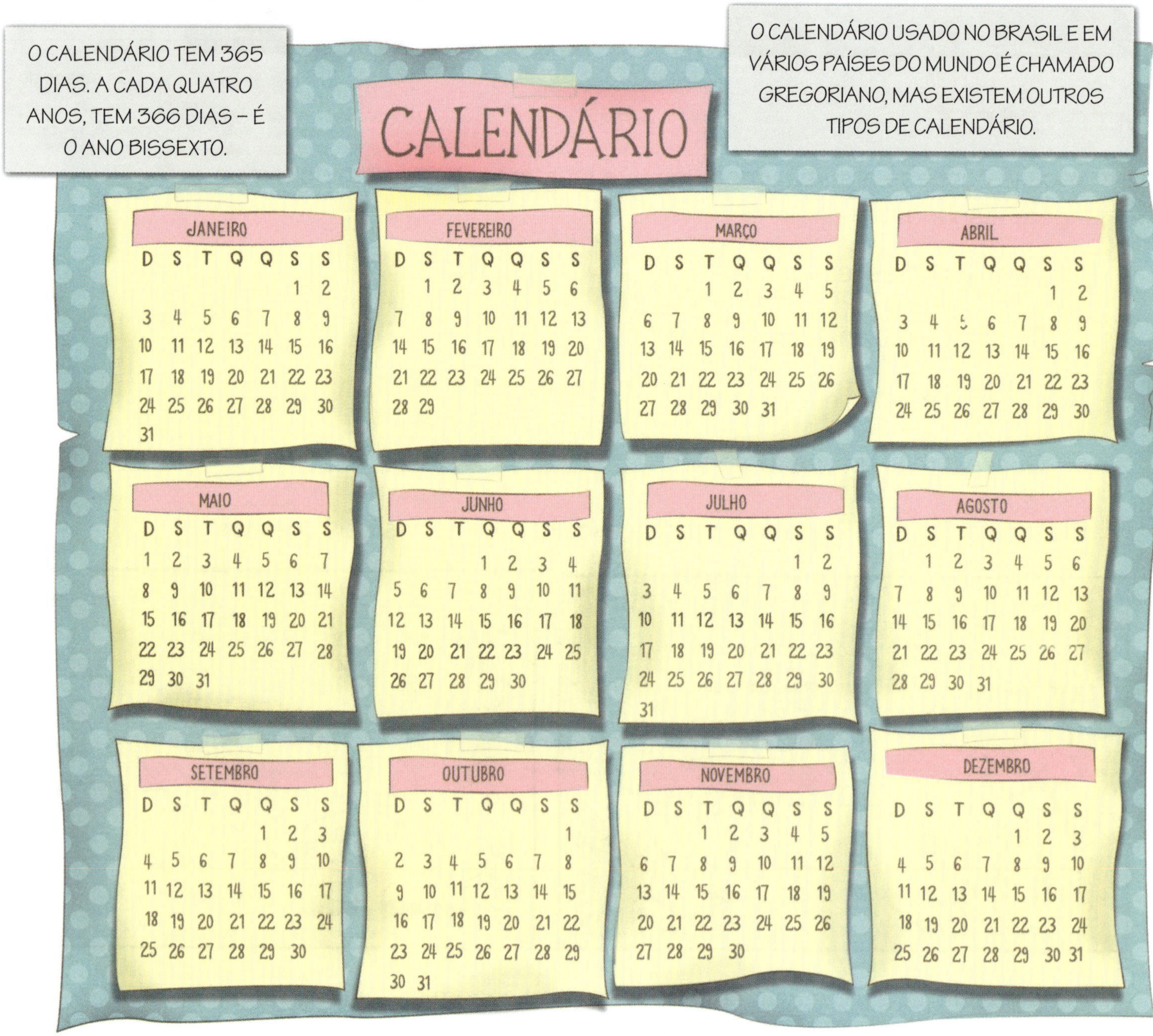

Vicente Mendonça/Arquivo da editora

- O que mostra o calendário?

No passado, os povos criaram diferentes calendários. O povo maia, por exemplo, construiu seu calendário observando o movimento dos astros no céu.

Com o passar do tempo, as pessoas inventaram várias maneiras de medi-lo. Conheça algumas delas.

http://mikaelawapman.com

Este calendário maia foi gravado em pedra há mil anos.

F9photos/Shutterstock/Glow Images

Neste relógio de areia ou ampulheta, a passagem da areia de uma parte do vidro para a outra marca um certo período de tempo. Você já viu uma ampulheta e percebeu como ela funciona?

Vilax/Shutterstock/Glow Images

O relógio digital tem números luminosos que marcam a passagem das horas e dos minutos.

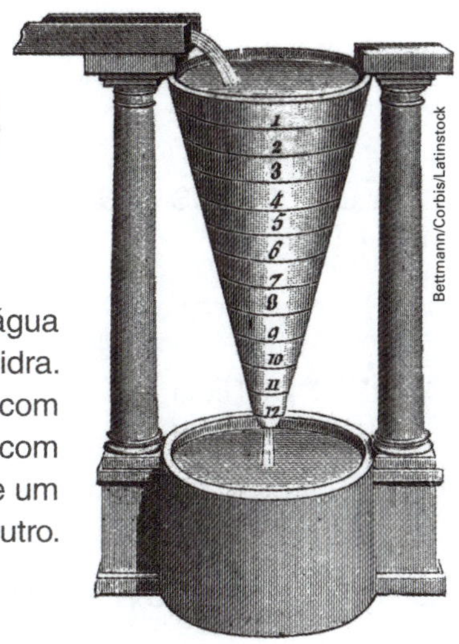

Bettmann/Corbis/Latinstock

Relógio de água ou clepsidra. O tempo é calculado com base na velocidade com que a água escorre de um recipiente para o outro.

Jim Barber/Shutterstock/Glow Images

O relógio de ponteiros mede a passagem do tempo em horas, minutos e segundos.

ATIVIDADE

- Leia a frase, converse com os colegas e depois responda.

> Desde o passado até o presente, as pessoas se preocupam em medir a passagem do tempo. Por que isso acontece?

ATIVIDADES DO CAPÍTULO

1. Complete as frases com a palavra que falta. Escolha a palavra certa nas caixinhas coloridas.

dia — horas — calendário — tempo — História — milênio — segundos

a) Não podemos vê-lo nem tocá-lo, mas ele está presente no nosso dia a dia desde quando nascemos. Ele é o ______________________.

b) Um ______________________ tem mil anos.

c) Um ________________ tem 24 horas.

d) O ______________________ mostra os meses e as semanas do ano.

e) Um minuto tem 60 ______________________.

f) A passagem do tempo é muito importante para a ____________________.

g) O ponteiro pequeno do relógio marca as ____________________.

2. Agora, preencha a cruzadinha com as palavras da atividade 1 e descubra o que Aninha ganhou de aniversário.

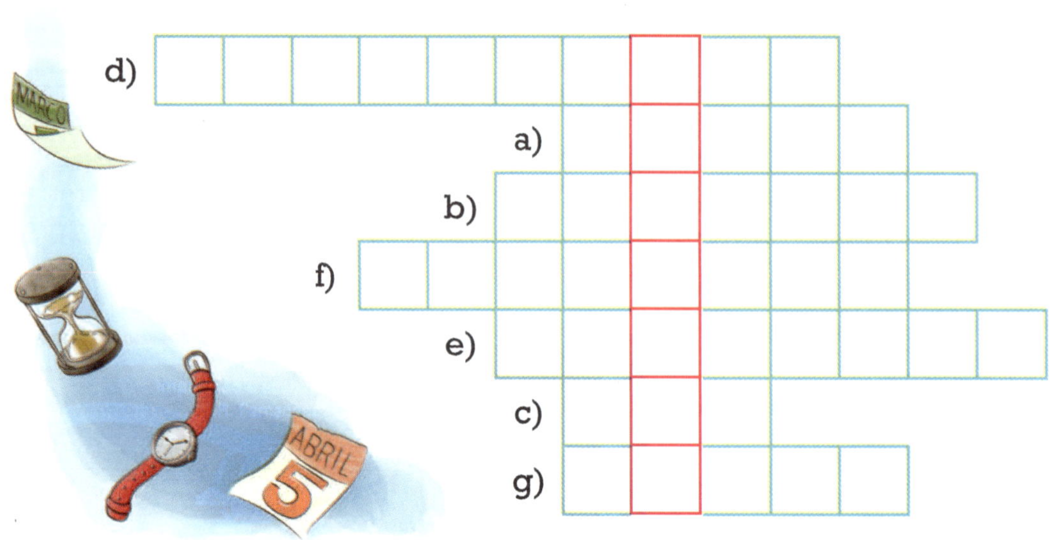

Vicente Mendonça/Arquivo da editora

3. Leia o quadro abaixo e marque com **X** como você sente a passagem do tempo.

Quando eu estou...	O tempo parece demorar a passar	O tempo parece passar rápido
brincando		
assistindo à televisão		
estudando		
fazendo a lição		
passeando		
arrumando o quarto		
ajudando uma pessoa		

4. Leia a adivinha e descubra qual é o mês.

> Tenho onze irmãos; doze contando comigo.
> Sou o segundo e o menor; como pode ser isso?
>
> **Adivinhas e trava-línguas**. 2. ed. São Paulo: Caramelo, 2009. p. 75.

5. O ano tem 365 dias. A cada quatro anos é somado um dia no mês de fevereiro, que fica com 29 dias. Quando isso ocorre, o ano tem 366 dias e chama-se bissexto. Converse com os colegas sobre o que acontece com o aniversário de uma pessoa que nasceu no dia 29 de fevereiro.

LEITURA DE IMAGEM

O TEMPO

Você tem tempo para brincar com seus amigos, cuidar de um animal de estimação, fazer esporte, ver TV, passear com sua família, conversar com amigos e vizinhos?

Imagine o dia a dia de uma criança da sua idade que precisa trabalhar para ajudar a família. Embora o trabalho infantil seja proibido no Brasil, sabemos que muitas crianças trabalham. O que você pensa dessa situação?

OBSERVE

Emidio Bastos/Opção Brasil Imagens

Menino trabalha em forno de olaria em Maragogipinho, no estado da Bahia, em 2013.

Antonio Cruz/ABr/Radiobrás

Crianças jogam futebol no Recife, capital do estado de Pernambuco, em 2014.

ANALISE

1. Observe a imagem 1. O que ela mostra?

____

2. Você acha que a criança da imagem 1 tem uma vida parecida com a sua? Por quê?

____

____

____

3. Agora observe a imagem 2. O que ela mostra?

4. Qual das imagens mostra crianças que têm um dia a dia mais parecido com o seu? Por quê?

5. Com mais dois colegas, converse sobre o trabalho infantil. É certo? É errado? Por quê? Depois de discutir o assunto, conte aos colegas e ao professor as conclusões do grupo.

RELACIONE

6. Reproduza o quadro abaixo em seu caderno e preencha-o com sua rotina semanal. Registre suas atividades escolares, outras aulas além da escola, esportes, passeios e também tarefas que você faz em casa.

	Domingo	Segunda-feira	Terça-feira	Quarta-feira	Quinta-feira	Sexta-feira	Sábado
Manhã							
Tarde							
Noite							

7. Avalie seu quadro, observando: você tem tempo livre? Você gostaria de fazer alguma mudança na sua rotina? Qual?

CAPÍTULO 2

AS FONTES HISTÓRICAS

VOCÊ SABE O QUE É FONTE HISTÓRICA?

Como é possível conhecer fatos que aconteceram há muito tempo? Como saber de que modo as pessoas viviam em diferentes momentos do passado? Você já pensou sobre isso?

Descobrir o passado é como um trabalho de detetive: podemos estudar as pistas deixadas pelas pessoas. Essas pistas são as **fontes históricas**.

Tudo o que foi feito ou usado por pessoas que viveram antes de nós ou vivem atualmente pode ser uma fonte histórica. Por exemplo: suas roupas, seus brinquedos, seus documentos, sua casa e os lugares que você frequenta são fontes de informação sobre a sua história, o seu modo de vida e a história da sua família.

Imagine que no futuro, digamos no ano 3000, um estudioso encontre um caderno que foi seu. Ele poderá saber o que estudavam as crianças brasileiras no passado, como elas escreviam, que tipo de caderno usavam, com que material escreviam, e muito mais.

Veja a seguir alguns exemplos de fontes históricas.

Reprodução/Arquivo da editora

Fontes escritas são cartas, diários, bilhetes, cartões-postais, agendas, revistas, livros, jornais, textos da internet, etc. Na imagem, **Almanaque d'O Tico Tico**, a primeira revista infantil a publicar histórias em quadrinhos no Brasil.

Ilustrações: Vicente Mendonça/Arquivo da editora

Fontes orais são relatos, depoimentos, canções, lendas, mitos, entrevistas, histórias contadas por pessoas mais velhas, entre outros.

J. Borges/Acervo do artista

Fontes iconográficas são desenhos, pinturas, gravuras, mapas, filmes e outras imagens. Na foto, xilogravura de J. Borges.

De Agostini Picture Library/Getty Images

Fontes materiais são objetos como ferramentas, utensílios, vasilhas, móveis, máquinas, casas, roupas, brinquedos, ruínas, monumentos, templos, restos de fogueiras, etc. Na foto, sapato usado na França no século 18.

ATIVIDADE

- Utilize os adesivos do **Material Complementar** para colar as fotos ao lado do texto que as descreve.

Podemos observar como eram as cidades antigamente.

Podemos observar e conhecer quantas pessoas compõem a família Kalê e onde elas foram passear no mês de fevereiro de 2012.

Podemos ouvir e conhecer as memórias de uma pessoa e alguns fatos que ocorreram no passado.

AS FONTES E A HISTÓRIA PESSOAL

E se uma pessoa quiser contar e escrever a própria história? Quais fontes históricas ela pode usar?

autobiografia: vida de uma pessoa escrita por ela mesma.

Lucas tem 10 anos e está no 6º ano. Para terminar o semestre, cada aluno da classe vai escrever uma autobiografia. Para escrever a sua, Lucas está juntando várias fontes: seu álbum de bebê, fotos, brinquedos, roupinhas de quando era menor. Também está conversando com adultos da família para saber como foi o seu nascimento, se ele era chorão ou calminho, do que gostava, com quantos meses começou a falar e andar, e outros detalhes de sua história.

Lucas está anotando também suas lembranças: como foi seu primeiro dia na escola, as férias que passou na praia com os primos, as brincadeiras preferidas, a visita aos avós que moram em Porto Alegre, etc.

Evandro Luiz/Arquivo da editora

Você também pode contar e escrever a história da sua vida. Para isso, pode usar diferentes fontes. Dê uma olhada na sua mochila. Que objetos podem ajudar a contar a sua história?

Vicente Mendonça/Arquivo da editora

O que podemos descobrir sobre você ao folhear seus cadernos? Podemos saber que você já sabe ler e escrever, o que você está estudando, como é sua letra. Se você costuma anotar o cabeçalho nas lições, é possível saber o dia, o mês e o ano em que está e a escola em que estuda.

ATIVIDADE

- Que outros objetos da sua mochila ou do seu quarto podem dar pistas sobre a sua história? Escolha um deles e analise-o como fonte histórica, preenchendo o quadro abaixo.

Nome do objeto: ______________________________

____

Do que ele é feito: ______________________________

____

Como ele é usado: ______________________________

____

Quando você o usa: ______________________________

____

Por que esse objeto é importante para a sua história: ______________________________

____

ATIVIDADES DO CAPÍTULO

A ilustração a seguir representa a tumba do faraó Tutancâmon, rei do Egito antigo que viveu há mais de 3 mil anos. Tudo o que foi encontrado na tumba é fonte histórica sobre o faraó e sobre a vida dos egípcios daquela época.

Cole as descrições das fontes históricas do **Material Complementar** de acordo com as imagens a que pertencem.

Weberson Santiago/Arquivo da editora

3 A HISTÓRIA E A ARQUEOLOGIA

CAPÍTULO

O TRABALHO DO HISTORIADOR

Pense nas profissões que você conhece. O padeiro e a padeira fazem pão; o escritor e a escritora escrevem livros; o professor e a professora ensinam aos alunos; o médico e a médica cuidam da saúde das pessoas para evitar doenças. E sabe quem estuda o passado?

O historiador e a historiadora estudam as fontes históricas para descobrir o que aconteceu no passado, os fatos que ocorreram e as pessoas que participaram deles.

Vamos conhecer o trabalho da historiadora Beatriz.

Primeiro, Beatriz precisa definir os acontecimentos que vai estudar, onde e quando os fatos aconteceram.

Beatriz decidiu estudar a luta das mulheres brasileiras pelo direito de votar. Agora, ela precisa pesquisar fontes históricas sobre esse tema: notícias de jornal, livros, documentos, fotos antigas.

Vicente Mendonça/Arquivo da editora

Beatriz coletou muitas informações sobre como as mulheres brasileiras conseguiram o direito de votar. Agora ela vai escrever suas conclusões e sua versão dessa história.

ATIVIDADE

- Agora, como se fosse um historiador, você vai estudar um fato ou um tema do passado. A seguir, estão as etapas da sua pesquisa. Numere as frases na sequência correta.

  - ☐ Faça a leitura das fontes históricas e dos livros que as pessoas escreveram sobre o tema que você escolheu.
  - ☐ Você vai escrever um texto sobre o que descobriu, assim outras pessoas poderão saber mais sobre o tema.
  - ☐ Escolha o tema da sua pesquisa. Por exemplo, os brinquedos das crianças no Brasil há 150 anos.
  - ☐ Você descobriu que há 150 anos os brinquedos eram feitos principalmente de madeira, pano, palha e metal.

ARQUEOLOGIA, O QUE É ISSO?

O que acontece quando as fontes históricas estão debaixo da terra? Como estudar essas fontes? O arqueólogo e a arqueóloga fazem escavações para estudar objetos e vestígios do passado da humanidade. Veja como é esse trabalho.

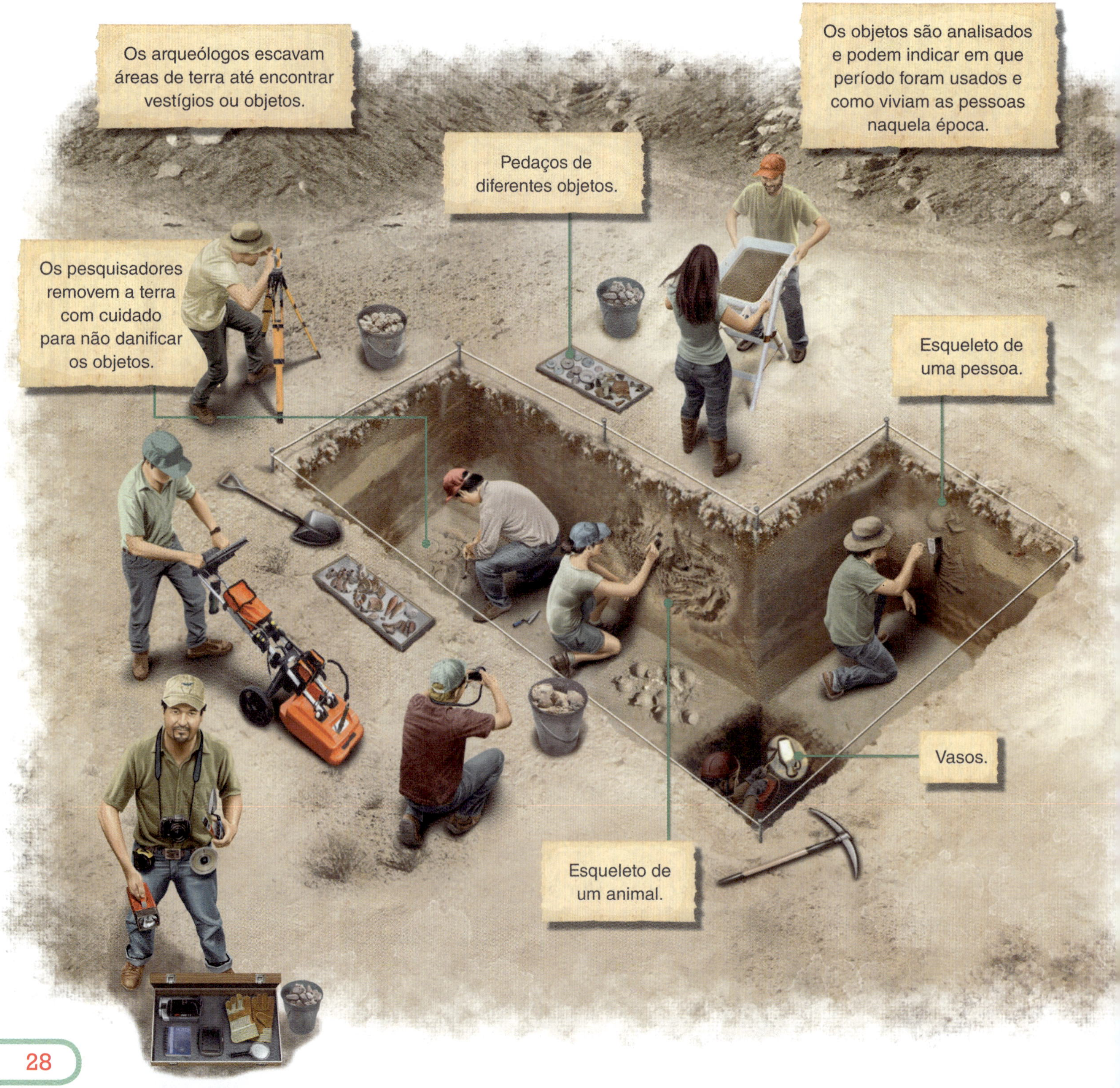

ATIVIDADE

- Um grupo de arqueólogos fez uma escavação e descobriu fontes materiais de muitos anos atrás. Que informações estes objetos podem fornecer aos estudiosos?

1

2

Ilustrações: Rodval Matias/Arquivo da editora

3

4

1. ____

____

2. ____

____

3. ____

____

4. ____

____

ATIVIDADES DO CAPÍTULO

- A atividade a seguir é sobre o trabalho de arqueólogos e historiadores. Observe a imagem, leia o texto e responda às questões a seguir.

Ilustrações: Rodval Matias/Arquivo da editora

Antigamente, há muitos e muitos anos, alguns grupos indígenas que viviam no Brasil abandonaram a aldeia em que moravam e se mudaram para outro lugar.

Em 2015, arqueólogos e historiadores descobriram a aldeia abandonada e encontraram objetos e vestígios daquele povo. Começaram, então, a estudar os objetos encontrados.

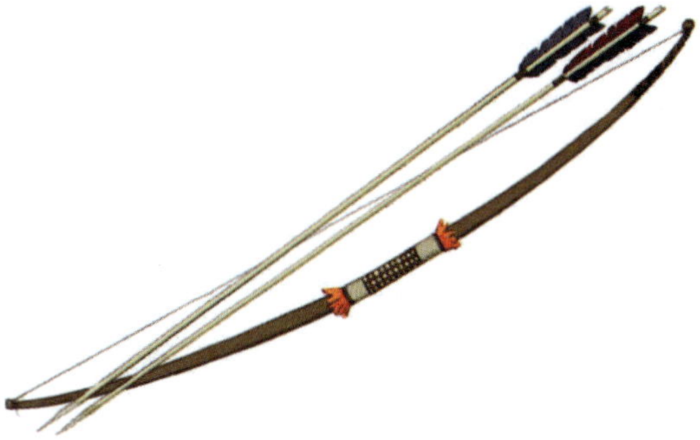

Os estudiosos encontraram arcos e flechas. Com isso, podemos saber que:

- [ ] os indígenas faziam e usavam arco e flecha.
- [ ] os indígenas não sabiam fazer arco e flecha.

Os arqueólogos encontraram potes de cerâmica. Assim, podemos saber que:

- [ ] os potes eram feitos de ouro e prata.
- [ ] os indígenas sabiam fazer potes de cerâmica pintada com desenhos.

Ilustrações: Rodval Matias/Arquivo da editora

Encontraram também redes, que indicam onde os indígenas:

- [ ] cozinhavam.
- [ ] dormiam e descansavam.

Os restos de fogueira indicam que provavelmente os indígenas faziam fogo para:

- [ ] se aquecer e cozinhar.
- [ ] se banhar.

Os brinquedos encontrados eram feitos de:

- [ ] plástico.
- [ ] cerâmica.

Observe os objetos encontrados e escreva no caderno um texto sobre o modo de viver desses indígenas.

ENTENDER O TEMPO HISTÓRICO

Como podemos conhecer o passado de homens e mulheres que viveram há milhares de anos? Podemos observar e interpretar registros que essas pessoas deixaram.

Observe com atenção a imagem abaixo.

Palê Zuppani/Pulsar Imagens

Pintura em gruta do Parque Nacional da Serra da Capivara, no estado do Piauí. O local foi considerado patrimônio cultural da humanidade pela Unesco.

1. Converse com os colegas sobre a imagem acima:

- O que você observa na imagem?
- Que figuras você identifica? O que aparece na cena?
- Como você imagina que essas pinturas foram feitas? Você já viu pinturas desse tipo em livros, revistas ou filmes?

Releia as informações na legenda da imagem da página ao lado. Para saber mais sobre esse tipo de pintura, leia o texto a seguir.

Você já deve ter visto grafites nos muros das cidades. Por que as pessoas fazem esses desenhos? O que elas deixam registrado? O grafite é uma forma de expressão do nosso tempo.

Da mesma forma, há milhares de anos, os grupos humanos faziam desenhos e pinturas nas paredes de cavernas, em rochas e pedras. Esses desenhos são chamados pinturas rupestres. Existem em diferentes lugares do mundo, e muitos estão preservados até hoje.

Vicente Mendonça/Arquivo da editora

2. Agora é sua vez de descobrir mais sobre esses registros. Em dupla com um colega, pesquisem em *sites* e livros a arte rupestre no Brasil. Sigam o roteiro:

a) Onde podemos encontrar esse tipo de registro no Brasil?

b) Que materiais foram usados como tinta?

c) Que tipo de cenas foram registradas?

3. Compartilhem com o professor e os colegas o resultado da pesquisa. O que vocês acharam mais interessante? Por quê?

LER E ENTENDER

- Que tipo de história você mais gosta de ler?

Na África, homens, mulheres e crianças se reúnem em torno da fogueira ou debaixo de uma árvore para ouvir os griôs, que são os contadores de histórias.

A tartaruga e o leopardo

A tartaruga, distraída como sempre, estava voltando para sua casa um pouco tarde e tinha que apressar os passos, porque a noite começava a cobrir a floresta com seu manto escuro.

De repente, ela caiu numa armadilha, um buraco profundo coberto com folhas de palmeiras cavado no meio da floresta pelos caçadores da aldeia para aprisionar os animais.

A tartaruga, graças a seu grosso casco, não se machucou na queda. Mas como escapulir dali? Tinha que encontrar uma solução antes do amanhecer, senão ia virar sopa no caldeirão dos aldeões.

Ela ainda estava perdida em pensamentos quando um leopardo caiu também na mesma armadilha. A tartaruga deu um pulo e, fingindo ter sido incomodada em seu refúgio, berrou para o leopardo:

— O que é isso? O que você está fazendo aqui? Isso são modos de entrar na minha casa? Você não sabe pedir licença? — gritava ela para o espantado leopardo. — Você não vê por onde anda? — continuou a tartaruga. — Será que não sabe que não gosto de receber visitas a esta hora da noite? Saia já daqui, seu pintado mal-educado!

O leopardo, bufando de raiva com o atrevimento da tartaruga, agarrou-a e jogou-a com toda a força para fora do buraco.

A tartaruga, feliz da vida, foi embora para casa tranquilamente.

Esse texto faz parte do livro **Bichos da África 1: lendas e fábulas**, de Rogério Andrade Barbosa. São Paulo: Melhoramentos, 2005.

Evandro Luiz/Arquivo da editora

refúgio: abrigo, local seguro e protegido.

ANALISE

1. De acordo com a história:

   a) por que a tartaruga estava apressada?

   b) o que aconteceu de repente?

   c) o que piorou ainda mais a situação da tartaruga?

RELACIONE

2. Qual dos animais usou a inteligência para resolver o problema?

3. Que outro final poderia ter essa história?

O QUE APRENDI?

Photo 12/Glow Images

1. Vamos retomar as questões que foram apresentadas na abertura desta Unidade. Discuta com os colegas e o professor como você as responderia agora.

2. Pense no que estudamos sobre a passagem do tempo. Que sinais podem nos indicar que o tempo passou? Dê alguns exemplos.

3. Preencha o quadro abaixo com base no que você aprendeu sobre as diferentes fontes históricas.

Tipo de fonte histórica	Fonte material	Fonte iconográfica	Fonte escrita	Fonte oral
Jornal de 1963				
Foto de uma rua de 1812				
Restos de um castelo medieval				
Entrevista com um arqueólogo				

4. Releia o Capítulo 1, depois responda no caderno:

a) Como podemos medir o tempo?

b) Quantos dias tem um ano?

c) Quantos anos tem um século?

5. Releia o Capítulo 3, depois responda no caderno:

a) Qual é a importância de arqueólogos e historiadores para conhecermos o passado?

b) O que fazem os arqueólogos para descobrir informações sobre povos que viveram antigamente?

Felipe Mortara/Agência Estado

Armando Fávaro/Agência Estado

A arqueóloga brasileira Niède Guidon (foto acima) descobriu, no estado do Piauí, pinturas rupestres e outros vestígios que trouxeram informações importantes sobre o povoamento do continente americano. Na foto maior, a Pedra Furada, símbolo do Parque Nacional da Serra da Capivara, onde estão as pinturas rupestres descobertas por Niède Guidon.

UNIDADE 2

FAZEMOS HISTÓRIA

Pintura rupestre pré-histórica em sítio arqueológico localizado no planalto de Tassili, na Argélia, um país da África. Nesse lugar foram encontradas mais de 15 mil pinturas feitas nas rochas. O local é considerado Patrimônio da Humanidade pela Unesco.

George Holton/Photoresearchers/Latinstock

- O que você vê na imagem?
- Você já viu imagens parecidas com esta?
- Você sabe por quem foram feitas pinturas como esta? E quando foram feitas?
- Na sua opinião, esse tipo de pintura tem a ver com os dias atuais? Por quê?

CAPÍTULO

4 VIVEMOS EM SOCIEDADE

EU E OS OUTROS

Todos os dias convivemos com várias pessoas em casa, na escola, no clube, nas ruas, no mercado, em lojas e em muitos outros lugares. Observe as imagens.

Evandro Luiz/Arquivo da editora

- As ilustrações mostram situações do nosso dia a dia. Em algumas delas vemos atitudes que ajudam a viver melhor, a ter uma boa convivência com os outros. Quais são essas atitudes? Converse sobre isso com o professor e os colegas.

ATIVIDADES

1 Observe a foto ao lado e responda às perguntas.

a) A foto mostra uma cena de respeito pelos outros e boa convivência? Por quê?

____

____

____

____

____

Cesar Diniz/Pulsar Imagens

Terreno junto à comunidade de Paraisópolis, na cidade de São Paulo. Foto de 2005.

b) Como essa situação prejudica as pessoas que vivem e passam por esse lugar? Explique.

____

____

____

c) Qual atitude poderia ser tomada para evitar essa situação?

____

____

____

2 Algumas atitudes mostradas na página anterior ajudam as pessoas a viver melhor. Escolha uma delas e explique por quê.

____

____

____

____

costumes: hábitos ou práticas de uma ou mais pessoas.
regras: indicam o modo correto de agir.
tatames: esteiras feitas de palha de arroz.

COSTUMES DIFERENTES

Desde que os primeiros grupos humanos surgiram na Terra, as pessoas convivem umas com as outras. Ao longo do tempo, diferentes grupos de pessoas estabeleceram seus costumes e criaram suas regras de convivência.

Esses costumes e regras não são iguais ao redor do mundo: cada povo tem seu modo de viver.

He Wuchang/Zuma Press/Latinstock

Casamento na China, onde existem algumas culturas em que os pais da noiva escolhem o futuro marido da filha.

Ryan McVay/Getty Images

No Japão é comum as pessoas usarem tatames para sentar, comer e dormir.

Fernando Quevedo de Oliveira/Alamy/Glow Images

Alguns grupos religiosos da Índia não comem carne de vaca porque consideram esse animal sagrado.

Gerson Gerloff/Pulsar Imagens

No estado do Rio Grande do Sul (Brasil), muitas pessoas têm o costume de tomar chimarrão várias vezes por dia.

Alguns costumes são bastante antigos, como o indiano, o japonês e o gaúcho. Mas há costumes recentes, criados há pouco tempo, como o de usar o celular.

Há regras que foram criadas no passado e hoje não existem mais. Um exemplo é a proibição de praticar capoeira em lugares públicos, que existia no Brasil até o ano de 1930.

ATIVIDADES

1 Marque com **X** as regras e os costumes praticados no lugar onde você vive.

Salas de aula com meninos e meninas.	
Comemorar aniversário.	
Usar tatames para dormir.	
Mulheres e homens escolhem com quem querem se casar.	
Cuidar de animais domésticos.	
Dormir em redes.	
Comemorar as festas juninas.	

2 Leia o texto, observe as imagens e responda.

Os povos nativos da Austrália utilizam o bumerangue há milhares de anos. Esse instrumento feito de madeira era usado para cavar a terra, cortar carnes e plantas, caçar e até bater na água durante a pesca.

O bumerangue tem um formato especial: quando é arremessado, ele faz uma curva e depois volta para as mãos de quem o atirou. Hoje o bumerangue ainda existe, mas não é mais utilizado como antigamente. Desde os anos 1970 ele é usado principalmente para diversão e esporte.

Texto produzido para fins didáticos.

Dallas and John Heaton/Stock/Easypix

Menino nativo da Austrália com seu bumerangue.

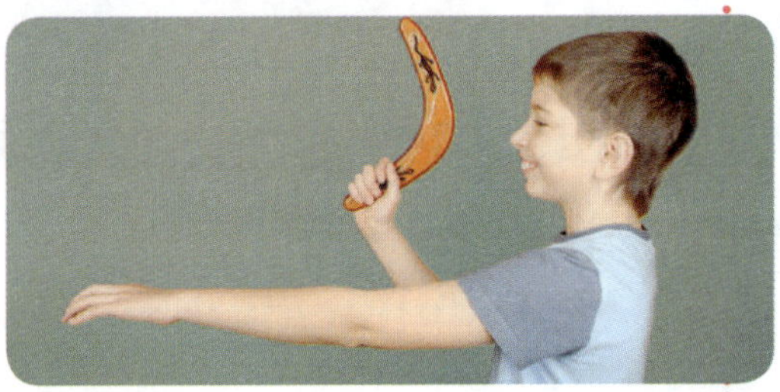
Leadenpork/Shutterstock

Garoto francês brinca com bumerangue.

a) Que costume o texto descreve?

____

b) Em que lugar e por quem o bumerangue era usado no passado?

____

c) Esse costume mudou com o passar do tempo? Como?

____

ATIVIDADES DO CAPÍTULO

1. Observe as imagens e converse sobre elas com o professor e os colegas. Depois escreva um texto usando as palavras do quadro.

dias de hoje • mulheres • antigamente • costume

Stock Montage/Getty Images

Andrey Arkusha/Shutterstock/Glow Images

2. Observe a imagem, leia as dicas e descubra qual é o costume apresentado.

Reprodução/Acervo da artista

Esse costume é bem antigo e tem origem religiosa.

- Comemora festas de santos católicos e acontece na época do inverno, a estação mais fria do ano.
- O costume foi trazido pelos portugueses há mais de 500 anos.
- No Brasil a comemoração não é só religiosa: é uma festa popular da qual participam crianças e adultos em muitos lugares do país.
- Em cada lugar a festa é um pouco diferente, mas algumas coisas são comuns: fogueiras, roupas e comidas especiais, bandeirinhas, música, dança e muitas brincadeiras.

a) As dicas e a imagem tratam de qual costume?

____

____

b) Você já conhecia esse costume? Já participou dessa festa?

____

c) Escreva no caderno um pequeno texto contando como é esse costume no lugar onde você mora.

CAPÍTULO 5

DO QUE AS CRIANÇAS PRECISAM

OS DIREITOS DAS CRIANÇAS

Todas as crianças precisam se alimentar, receber proteção, cuidado e carinho, brincar, ir à escola, ter um nome e uma nacionalidade.

Você sabia que existe um documento que garante tudo isso? É a **Declaração dos Direitos da Criança**, que foi aprovada por representantes de mais de 100 países do mundo no dia 20 de novembro de 1959.

Fernando Favoretto/Criar Imagem

Blend Images/Shutterstock/Glow Images

Mas será que todas as crianças ao redor do mundo recebem esses cuidados? Observe as fotos para descobrir.

Ricardo Moraes/Reuters/Latinstock

Moradia no Rio de Janeiro, estado do Rio de Janeiro (Brasil), em 2014.

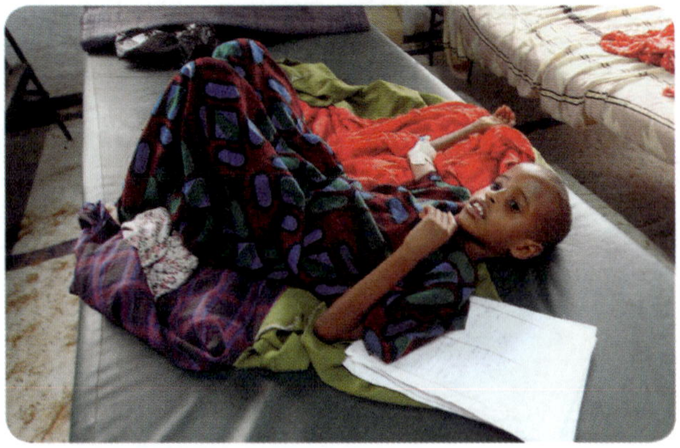

Thomas Mukoya/Reuters/Latinstock

Criança desnutrida no Quênia, em 2011.

Em muitos lugares do mundo, todos os dias, milhões de crianças não são respeitadas. Muitas crianças passam fome, outras não têm um adulto que cuide delas, muitas são obrigadas a trabalhar, muitas não têm onde morar. E também, em todo o mundo, crianças sofrem violência e outras situações de desrespeito.

ATIVIDADE

- Pense no que você e todas as crianças do mundo precisam. Pesquise em jornais, revistas ou na internet uma imagem que mostre desrespeito aos direitos das crianças e cole-a no espaço abaixo. Depois, responda às perguntas.

a) Qual direito da criança é desrespeitado na imagem?

____

____

b) Você já viu essa cena em algum lugar? Se você viu, onde?

____

____

____

c) Você vive ou já viveu alguma situação de desrespeito? Qual? Converse com o professor e os colegas sobre como resolver esse problema.

AS CRIANÇAS NO BRASIL

No Brasil, além da Declaração dos Direitos da Criança, existe outro documento importante, o **Estatuto da Criança e do Adolescente**.

Leia os quadrinhos para saber mais sobre esse documento.

Mauricio de Sousa/Instituto Mauricio de Sousa

Mauricio de Sousa/Instituto Mauricio de Sousa

A Turma da Mônica em: O Estatuto da Criança e do Adolescente, de Mauricio de Sousa. Disponível em: <www.unicef.org/brazil/pt/monica_estatuto.pdf>. Acesso em: 4 dez. 2015.

ATIVIDADES

1 Por que o Estatuto da Criança e do Adolescente é importante?

____

____

2 Converse com os colegas e o professor: Você acha que seus direitos são respeitados? Você cumpre seus deveres?

ATIVIDADES DO CAPÍTULO

1. Leia o poema a seguir, escrito por Urjana Shrestha, uma menina de 18 anos que vive no Nepal, um país da Ásia.

Eu tenho um sonho

Eu tenho um sonho
lutar pelos direitos dos homens
Eu tenho um sonho
tornar nosso mundo verde e limpinho
Eu tenho um sonho
de boa educação para as crianças
Eu tenho um sonho
de voar livre como um passarinho

Eu tenho um sonho
ter amigos de todas as raças
Eu tenho um sonho
que o mundo viva em paz
e em parte alguma haja guerra
Eu tenho um sonho
acabar com a pobreza na Terra

Eu tenho um sonho
Eu tenho um monte de sonhos...
Quero que todos se realizem
[...]

Este poema faz parte do livro **Todos temos direitos**. São Paulo: Ática, 2010.

Vicente Mendonça/Arquivo da editora

2. Sublinhe no poema os sonhos de Urjana.

Eduardo Zappia/Pulsar Imagens

3. Observe a foto ao lado. O que ela mostra? É igual ou diferente dos sonhos de Urjana? Por quê?

4. E quais são seus sonhos? Escreva um poema sobre eles e o que você precisa fazer para realizá-los.

Vicente Mendonça/Arquivo da editora

CAPÍTULO 6

ATIVIDADES DAS CRIANÇAS

A INTERNET

Você costuma usar as redes sociais? Já buscou informações na internet para pesquisas? Gosta de brincadeiras e jogos pelo celular ou *tablet*?

Tudo bem, só que é preciso tomar alguns cuidados ao usar a internet. Veja algumas dicas.

Coloque os adesivos do **Material Complementar** para completar as dicas.

Evandro Luiz/Arquivo da editora

ATIVIDADES

1 Vamos conhecer mais sobre você. Responda às perguntas abaixo.

a) Quantos dias da semana você usa a internet? Para quê?

b) Você prefere brincar no computador ou com os colegas na rua, no parque e em outros lugares? Por quê?

c) Quando usa a internet você segue as dicas que leu na página ao lado? Por quê?

2 Converse com os colegas e o professor sobre o que é importante saber e fazer ao usar a internet. Depois escreva as conclusões do grupo.

A VIDA EM COMUNIDADE

Você já sabe muita coisa sobre sua vida em família e sobre a escola em que você estuda. Também sabe que participa dos acontecimentos da rua, do bairro e da cidade onde mora.

Vamos saber um pouco mais sobre a vida em comunidade. Leia o texto e observe as imagens.

Luis Salvatore/Pulsar Imagens

G. Evangelista/Opção Brasil Imagens

Na foto menor, leitura de livros em escola pública de Tracuateua, no estado do Pará, em 2014. Na foto maior, alunos visitam o Museu de Artes e Ofícios em Belo Horizonte, estado de Minas Gerais, em 2012.

Água limpa para beber, transporte, escola, hospital, limpeza das ruas, esgoto, coleta de lixo são coisas importantes para que as pessoas possam viver bem. Os governos têm o dever de oferecer esses serviços, que são chamados **serviços públicos**.

E quem paga pelos serviços que o governo oferece? O dinheiro usado para construir e manter escolas, hospitais e parques públicos, por exemplo, vem do imposto que todas as pessoas pagam. Quando você compra um doce ou um brinquedo, parte do dinheiro vai para o governo como imposto.

imposto: quantia de dinheiro paga ao governo por todas as pessoas que vivem no Brasil.

ATIVIDADES

1 Dê exemplos de alguns serviços públicos que o governo tem o dever de oferecer.

____

____

____

a) Quais serviços públicos você observa no lugar onde mora?

____

____

____

b) Você e sua família utilizam serviços públicos? Quais?

____

____

____

2 Marque um **X** nas frases que você considera mais apropriadas, de acordo com o texto da página ao lado.

a) No Brasil, as pessoas podem votar para...

- [ ] escolher os candidatos ao governo.
- [ ] escolher o sorvete mais gostoso.

b) Depois das eleições, devemos conferir se o governo...

- [ ] utiliza bem o dinheiro dos impostos.
- [ ] decide criar muitos feriados.

3 Como as pessoas podem conferir se o governo e os políticos estão trabalhando bem para servir à população?

ATIVIDADES DO CAPÍTULO

Evandro Luiz/Arquivo da editora

1. Com base no que você aprendeu, complete as frases com as palavras que faltam.

a) Na ________________ podemos fazer ________________, jogar, ________________ a desenhos e muitas outras coisas.

b) Podemos nos divertir brincando com colegas e amigos em diferentes lugares, como em ______________ ou no ______________.

c) É importante ________________ sempre as outras pessoas com quem convivemos.

d) Além dos nossos ______________, outras pessoas podem ver nossas ____________ na internet.

2. Encontre no quadro as palavras que faltam nas frases.

Y	P	K	J	N	J	C	A	S	L	R	A	C	K	L	R	T	S	A	Ç
I	A	B	V	C	Z	Í	A	Z	A	D	C	A	S	S	I	S	T	I	R
U	R	E	R	T	Y	U	L	F	O	T	O	S	M	N	B	V	C	O	M
T	Q	I	N	T	E	R	N	E	T	D	I	A	L	N	T	E	L	U	I
G	U	R	F	R	P	E	D	O	Z	N	T	R	D	O	Z	N	Ã	O	E
R	E	S	P	E	I	T	A	R	M	A	M	I	G	O	S	D	O	Z	N
S	N	T	P	E	S	Q	U	I	S	A	S	N	B	Ç	C	I	M	N	B

3. Observe a foto e faça um **X** na frase que descreve a cena mostrada na foto.

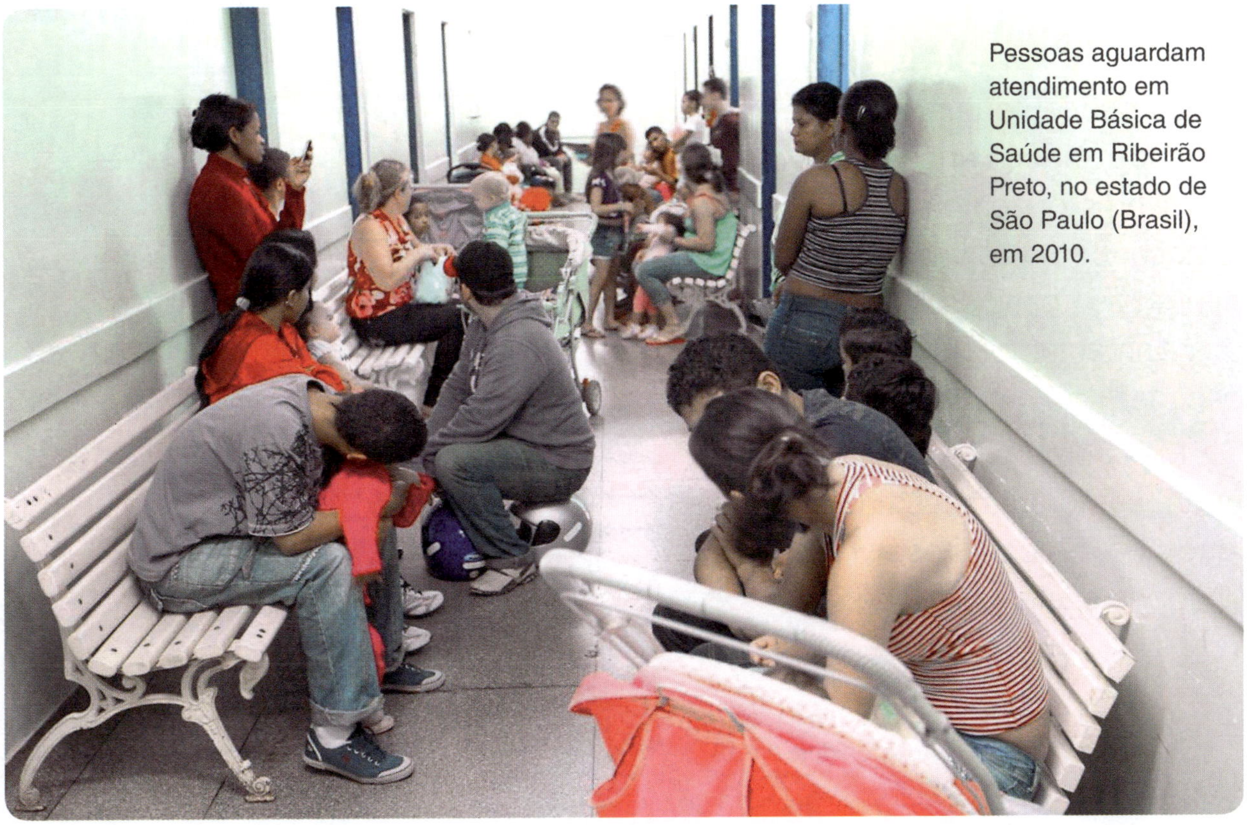

Piton/A Cidade/Futura Press

Pessoas aguardam atendimento em Unidade Básica de Saúde em Ribeirão Preto, no estado de São Paulo (Brasil), em 2010.

- ☐ É um direito das pessoas receber atendimento médico. Mas muitas pessoas não são atendidas como deveriam ser.
- ☐ É um dever das pessoas ficar em casa quando estão doentes.

4. Em dupla com um colega, escrevam dois ou três problemas que vocês identificam nas ruas do bairro.

____

____

____

5. Com a ajuda do professor, vamos escrever uma carta para o prefeito da cidade ou o conselho administrativo do bairro. Na carta vamos descrever alguns problemas do bairro e pedir ao poder público que tome providências para solucioná-los.

ENTENDER O TEMPO HISTÓRICO

Já pensou que no seu dia a dia você segue várias regras? Por exemplo: como se comportar à mesa, como se vestir em diferentes ocasiões, como cumprimentar e falar com as pessoas.

Mas será que essas regras foram sempre as mesmas ao longo do tempo? Observe as imagens e leia as legendas.

Irmãos vestidos para ir à escola, em gravura feita nos Estados Unidos, em 1835.

Irmãos fotografados na Inglaterra, em torno de 1930.

Irmãos brincando no parque em 2014, na Espanha.

- Pelo que viu nas fotos, você acha que as regras de como as crianças devem se vestir mudaram ao longo do tempo? Quais foram as mudanças?

Você já sabe que também seguimos algumas normas e regras para conviver bem. Agora observe os quadrinhos e numere cada um deles de acordo com o número da frase apropriada. Depois complete os balões escrevendo o que você quiser.

Evandro Luiz/Arquivo da editora

1. Ao receber um presente, agradeça sempre, mesmo que não tenha gostado.

2. Abrir portas, ceder o lugar e ajudar pessoas mais velhas mostra respeito e boa educação.

3. Cumprimente as pessoas dizendo “bom dia”, “boa tarde” e “boa noite”. Isso vale para sua família, amigos, vizinhos, conhecidos, o porteiro do prédio, o motorista do ônibus e outras pessoas que você encontar.

4. Diga sempre “por favor” e “obrigado” em tom gentil. Não vale falar choramingando só para conseguir o que quer!

5. Peça desculpas ao esbarrar em alguém ou fazer algo que incomode.

LER E ENTENDER

Leia a seguir um relato publicado no livro **Crianças do Brasil: suas histórias, seus brinquedos, seus sonhos**.

A partir do título, tente imaginar sobre o que o relato trata. Você acha que é uma história inventada ou real? É uma lembrança do passado ou algo atual?

Meu nome é Amezilda e sou uma menina que vive no Pará, um dos maiores estados do Brasil. Do lado da família do meu pai, conheci apenas minha vó, uma senhora muito batalhadora. Ela se chamava Maria Calandrini e veio de lá da ilha de Marajó. Ela era doceira. Fazia e vendia docinhos – isso quando já morava em Belém. Os doces de minha avó eram famosos na vizinhança, principalmente o bolo de macaxeira. Ela tinha um forno grande na cozinha e meu pai contava que saía com o tabuleiro na rua para vender os doces da vovó. [...]

Meu pai aprendeu a ler porque minha avó se preocupou muito com isso. E ele quer que a gente também estude. Mas não é fácil. Nós temos de andar cinco quilômetros todos os dias para ir para a escola. É um caminho estreito, de terra, onde só passa um carro. A escola chama José Marcelino de Oliveira, e eu gosto muito de lá. Ando muito, mas vale a pena. Eu adoro estudar!

Eu ainda não sei muito bem o que eu quero ser quando crescer. Quem sabe trabalhar no posto de saúde, ajudando as pessoas. Aqui no bairro do Maguari tem um posto. Eu sempre vou levar meus irmãos para tomar vacinas. E vacinas, têm muitas: a de meningite, a da paralisia infantil, a do sarampo. Eu adoro trazer meus irmãos para vacinar. Só para ver a mulher aplicar a injeção, aquela seringa brilhando... mas de tomar, eu não gosto, não. Só de ver. E quando chego em casa, vou logo treinar, aplicar injeção nas minhas bonecas. Elas não têm medo, ficam em fila, esperando.

Crianças do Brasil: suas histórias, seus brinquedos, seus sonhos, de José Santos. São Paulo: Peirópolis, 2008. p. 40.

ANALISE

1. Quem contou essa história?

____

2. O relato mistura fatos do passado e do presente.

- Escreva PA ao lado do fato que aconteceu no passado.
- Escreva PRE ao lado do fato que acontece no presente.

A avó de Amezilda veio da ilha de Marajó.

Amezilda e seus irmãos andam cinco quilômetros para ir à escola.

Em Belém, a avó fazia doces e bolos.

Amezilda treina aplicando injeções nas bonecas.

Vicente Mendonça/Arquivo da editora

RELACIONE

3. Que dificuldade Amezilda relata no texto?

____

____

4. O que poderia ser feito para resolver essa dificuldade?

____

____

5. Amezilda conta que talvez já tenha escolhido o que quer fazer quando crescer. Onde ela pensa em trabalhar? Por quê?

____

____

O QUE APRENDI?

1. Retome as questões que foram apresentadas na abertura desta Unidade. Discuta com os colegas e o professor como você as responderia agora.

George Holton/Photoresearchers/Latinstock

2. Complete o quadro com exemplos de boas maneiras de se relacionar com os demais e formas de desrespeitar essa convivência.

Boas maneiras para conviver com os outros	Atitudes de desrespeito com os outros

3. Por que foi preciso criar o Estatuto da Criança e do Adolescente no Brasil? Por que essa lei é importante para a vida das pessoas?

____

____

____

____

____

____

4. Com base no que você estudou nesta Unidade, converse com os colegas e o professor sobre como participar da vida do bairro ou da cidade onde mora.

- Em seguida, organizem-se para produzir um mural coletivo. Numa folha grande de papel ou papelão, façam pinturas, desenhos ou colagens mostrando a boa convivência na comunidade.

Vicente Mendonça/Arquivo da editora

UNIDADE

3

TEMOS UMA CULTURA

Dia de feira (2008), óleo sobre tela de Bárbara Rochlitz.

Reprodução/Galeria Jacques Ardies

- O que você vê na imagem? Você já viu uma cena parecida com essa?
- Você já participou de alguma atividade representada na imagem?
- Onde você acha que vivem as pessoas que aparecem na imagem? Que língua elas falam?

CAPÍTULO 7

A MISTURA DE MUITAS CULTURAS

NOSSA LÍNGUA PORTUGUESA

Evandro Luiz/Arquivo da editora

culturas: modos de ser e de viver de grupos que formam uma sociedade: a língua, os costumes, as regras de convivência, as crenças e práticas religiosas, o que se come, o que se veste, etc.

vocabulário: o conjunto de palavras de uma língua.

Por que será que no dia a dia você fala, lê e escreve em português? Para responder a essa pergunta, precisamos voltar ao passado da história do Brasil.

Há milhares de anos as terras que hoje formam o Brasil eram habitadas por povos indígenas. Esses povos tinham diferentes modos de vida, línguas e culturas diversas.

No ano de 1500, navios vindos de Portugal chegaram às terras em que nós vivemos hoje. Para se comunicar com os indígenas, os portugueses aprenderam as línguas de alguns grupos. No Brasil daquele tempo, as pessoas falavam português e línguas indígenas.

Em 1757, o rei de Portugal ordenou que só a língua portuguesa devia ser falada no Brasil. Mas muitas palavras indígenas já faziam parte do vocabulário das pessoas e até hoje são usadas.

Algum tempo depois da chegada dos portugueses, muitos africanos escravizados foram trazidos ao Brasil para trabalhar na lavoura e nas cidades. Essas pessoas vieram de diferentes lugares da África, trazendo suas línguas, modos de vida, costumes e religiões. Logo muitas palavras africanas se misturaram à língua falada no Brasil.

Atualmente a língua usada no Brasil tem palavras que vêm das línguas indígenas, do português de Portugal e de várias línguas africanas. E também tem muitas palavras que vêm de línguas de outros povos que ao longo do tempo vieram morar no Brasil.

Engenho de cana (1840), aquarela de Hercule Florence. Africanos escravizados trabalham em uma fazenda de plantação de cana e produção de açúcar.

Vendedoras de pão-de-ló (1826), aquarela de Jean-Baptiste Debret. Africanas escravizadas trabalham nas ruas da cidade do Rio de Janeiro vendendo doces.

ATIVIDADE

- Abaixo há um grupo de palavras africanas e outro de palavras indígenas e seus significados. Escolha uma palavra de cada grupo e escreva duas frases com elas.

Palavras de origem africana	Significado
búzio	concha do mar
caçula	o mais moço dos filhos ou dos irmãos
cafuné	carinho, afago

Palavras de origem indígena	Significado
açaí	fruto de uma palmeira
curumim	menino
pirarucu	peixe da Amazônia

CADA POVO TEM SEU JEITO

Você viu que indígenas, africanos e portugueses formaram o povo brasileiro, nossa língua e nossa cultura. Mas não foram só eles: ao longo da história do Brasil, vários grupos de pessoas deixaram seu país de origem e vieram morar aqui.

Essas pessoas vieram de países como Alemanha, Espanha, Itália, Japão, Líbano e Turquia, entre outros. São os imigrantes, famílias que deixam sua terra natal em busca de outro país para viver e trabalhar.

terra natal: país onde uma pessoa nasce.

Ainda hoje o Brasil recebe imigrantes de vários países. Por isso, nossa língua e nosso modo de viver estão sempre se transformando, com a chegada de novas palavras, costumes, comidas, festas e tradições de povos e culturas diferentes.

Observe as imagens e leia as legendas para conhecer melhor essas trocas culturais.

Esta casa em Pomerode, no estado de Santa Catarina, foi construída no estilo enxaimel, trazido por imigrantes que vieram da Alemanha. Repare no telhado inclinado e nas traves de madeira que sustentam as paredes de tijolo. Foto de 2012.

Edu Lyra/Pulsar Imagens

Maria Elisa Franco/Opção Brasil Imagens

Arroz e feijão estão entre os alimentos mais antigos cultivados pela humanidade. Mas a mistura de feijão com arroz, tão comum no Brasil, foi trazida pelos africanos.

bonchan/Shutterstock

A mandioca, raiz importante na alimentação indígena, faz parte de muitos pratos brasileiros, como a farofa da foto. A mandioca também pode ser cozida ou frita. Como você prefere?

A comida brasileira vem de muitos povos diferentes. Pratos como esfirra e quibe foram trazidos por imigrantes sírios e libaneses. Os alemães trouxeram vários tipos de salsicha, doces de frutas e um bolo chamado cuca. Com os japoneses veio o costume de preparar e apreciar peixe cru. *Pizzas* e massas foram trazidas pelos italianos; os espanhóis e portugueses contribuíram com o azeite de oliva, receitas de bacalhau e frutos do mar.

ATIVIDADES

1 Que alimentos você consome todos os dias? Nas festas da sua família as pessoas preparam pratos especiais?

2 Grupos culturais de várias origens contribuíram para formar a cultura brasileira. Complete o quadro escrevendo o nome de três grupos diferentes na coluna da esquerda. Na coluna da direita, escreva contribuições de cada grupo que fazem parte do seu dia a dia.

Nome do grupo/origem	Contribuição

Evandro Luiz/Arquivo da editora

ATIVIDADES DO CAPÍTULO

1. Qual é a origem dos pratos abaixo? Leia as descrições e pinte os quadradinhos conforme a legenda. Depois, faça o que se pede.

- síria ou libanesa
- japonesa
- indígena
- alemã

Paulo Vilela/Shutterstock

A esfirra pode ter recheios diferentes: carne, queijo, verdura. Qual deles você prefere?

Ormuzd Alves/Abril Comunicações S/A

Uma fatia de cuca quentinha é uma delícia no lanche da tarde.

Ronnarong Thanuthattaphong/Shutterstock/Glow Images

O *sashimi* é um prato feito com peixe cru. Você já experimentou?

João Prudente/Pulsar Imagens

A tapioca é feita com mandioca ralada. Você prefere com recheio doce ou salgado?

- Converse com os colegas sobre quais desses pratos você conhece e qual deles gostaria de experimentar.

2. Os hábitos de higiene pessoal não são comuns a todos os povos. Leia o texto a seguir.

corte: as pessoas que no dia a dia ficam ao redor de um rei.

Quando aportaram por aqui, em 1500, os portugueses se assustaram com a limpeza dos índios, que mergulhavam em rios e no mar até 12 vezes ao dia. Pero Vaz de Caminha, escrivão da esquadra de Cabral, chegou a escrever, surpreso: "São tão limpos e tão gordos e tão formosos que não podem ser mais".

Os portugueses acabaram cedendo aos hábitos dos nativos brasileiros, percebendo que eles eram muito mais saudáveis que os da Europa. Os membros da corte, entretanto, resistiram [...] pois estavam acostumados a passar meses sem sequer mudar de camisa.

As águas do tempo: a história do banho. Disponível em: <http://guiadoestudante.abril.com.br/aventuras-historia/aguas-tempo-historia-banho-435136.shtml>. Acesso em: dez. 2015.

Evandro Luiz/Arquivo da editora

a) De que país vieram as pessoas citadas nas duas primeiras linhas do texto?

____

b) Que costume dos indígenas assustou os portugueses?

____

____

c) Na sua família os hábitos de higiene são parecidos com os dos indígenas? Por quê?

____

____

____

LEITURA DE IMAGEM

TROCANDO COSTUMES

- Os hábitos e costumes de um povo são modificados pelo contato com outras culturas. Dentro de um mesmo país, podemos ter diferentes culturas. Você conhece costumes, festas, danças ou comidas de outras culturas? Como você conheceu?

OBSERVE

Fabio Colombini/Acervo do fotógrafo

Crianças indígenas tomam banho em rio do estado do Amazonas. Foto de 2008.

Fabio Colombini/Acervo do fotógrafo

Indígena do povo kalapalo com *notebook*. Aldeia Aiha, Parque Indígena do Xingu, no estado de Mato Grosso. Foto de 2011.

ANALISE

1. O que você vê na imagem 1?

___

2. Esse é um costume original dos povos indígenas brasileiros ou um costume aprendido pelo contato com os não indígenas?

___

3. O que você vê na imagem 2? Esse é um costume original dos povos indígenas brasileiros ou foi aprendido no contato com os não indígenas?

___

___

___

4. O que você aprendeu sobre o indígena mostrado na imagem 2?

___

___

5. O que mais você gostaria de saber sobre os povos indígenas?

___

___

RELACIONE

6. Como você estudou, a população do Brasil é formada por indígenas, africanos, portugueses e outros povos que vieram como imigrantes. Cada um deles trouxe sua contribuição para a cultura brasileira.

   Numa folha avulsa, faça um desenho de um costume que você aprecia e que foi trazido por um desses povos. Depois, mostre seu desenho aos colegas e conversem sobre os diferentes costumes que a turma retratou.

CAPÍTULO 8

AS FESTAS BRASILEIRAS

AS FESTAS NO PASSADO

Desde que surgiram os primeiros grupos humanos as pessoas se juntam para comemorar o nascimento de uma criança, a chegada da primavera, a colheita, o casamento e outras ocasiões.

Fundação Biblioteca Nacional, Rio de Janeiro, RJ.

Folia do Divino, gravura de Jean-Baptiste Debret, século 18.

No passado, muitas festas comemoradas no Brasil eram religiosas, como o Natal, a Semana Santa, casamentos e batizados. Muitas dessas festas são comemoradas ainda hoje. Observe as imagens.

Cesar Diniz/Pulsar Imagens

Apresentação do Maracatu Baque do Vale durante a Festa do Divino Espírito Santo em São Luiz do Paraitinga, no estado de São Paulo. Foto de 2015.

Havia também festas não religiosas, como a coroação de um rei ou imperador. Hoje não há mais reis no Brasil. Quem governa nosso país é um presidente. Quando o presidente toma posse, também acontece uma comemoração. Observe as imagens.

Aclamação de Dom Pedro I no campo de Santana. Gravura de Jean-Baptiste Debret, século 19. Dom Pedro I foi imperador do Brasil de 1822 até 1826.

Posse de Dilma Rousseff, a primeira mulher a ocupar o cargo de presidente da República no Brasil. Brasília, no Distrito Federal, 1º de janeiro de 2011.

Hoje em dia, muitas festas e comemorações são transmitidas pela televisão. Podemos ver festas e comemorações no Brasil e no mundo, no momento em que acontecem. Observe as imagens.

Festival do Folclore em Parintins, no estado do Amazonas. Foto de 2010.

Comemoração do Ano-Novo em Bangcoc, na Tailândia, em janeiro de 2016.

ATIVIDADES

1 Você já notou as palavras **ao vivo** que aparecem na TV durante um jogo de futebol, por exemplo?

2 Sabe o que isso significa? Converse com seus colegas e o professor.

AS COMEMORAÇÕES NO PRESENTE

Ao longo do ano ocorrem muitas festas no Brasil. Mas será que todas têm a mesma origem? Será que algumas dessas festas acontecem há muito tempo?

Nos dias de hoje, as festas comemoradas no Brasil têm origens variadas. Vamos conhecer algumas delas.

Marcos Amend/Pulsar Imagens

No antigo reino do Congo, na África, a coroação do rei e da rainha era comemorada com uma festa. Os africanos escravizados trouxeram para o Brasil esse costume. Na foto, desfile do Congado Santa Efigênia em Ouro Preto, estado de Minas Gerais. Foto de 2015.

Rubens Chaves/Pulsar Imagens

As festas juninas foram trazidas para o Brasil pelos portugueses. São festas de origem religiosa, em honra de Santo Antônio, São João e São Pedro. Na foto, apresentação em Caruaru, estado de Pernambuco, da Quadrilha Arrasta-pé de Igaci, do estado de Alagoas. Foto de 2015.

Adriana Spaca/Brazil Photo Press/Agência France-Presse

A festa do Círio de Nazaré é celebrada há mais de duzentos anos em Belém, capital do estado do Pará. Anualmente, no mês de outubro, milhões de romeiros participam de uma caminhada pelas ruas da cidade em homenagem a Nossa Senhora de Nazaré. Foto de 2015.

No Brasil cada comunidade tem uma data importante para a história do lugar e comemora esse dia com uma festa. Algumas cidades celebram o aniversário de sua fundação. Em Salvador, a festa é no dia 29 de março; na cidade de São Paulo, é no dia 25 de janeiro. No município de Atibaia, no estado de São Paulo, os descendentes de imigrantes japoneses comemoram o Bon Odori, um festival que ocorre anualmente durante o verão japonês.

Festival de Bon Odori de Atibaia, no estado de São Paulo, em junho de 2015.

Existem também datas importantes para a história do Brasil. Entre elas estão a Independência (7 de setembro) e a Proclamação da República (15 de novembro). Observe a imagem ao lado.

Desfile cívico e militar de 7 de Setembro na Esplanada dos ministérios, em Brasília, no Distrito Federal. Foto de 2014.

ATIVIDADE

- Que festas acontecem no lugar onde você mora? Escolha uma delas e faça uma pesquisa em livros, jornais, revistas e na internet. Depois, escreva o resultado de suas pesquisas no quadro abaixo.

Nome da festa:	
Quando ocorre?	
Há quantos anos existe?	
O que é comemorado?	
Quem participa?	

ATIVIDADES DO CAPÍTULO

1. Complete as frases com as palavras do quadro.

Congada	Círio de Nazaré	Belém	Congo

a) No mês de outubro acontece a festa do ______________________ em ______________________, capital do estado do Pará.

b) A ______________________ foi trazida pelos africanos quando vieram para o Brasil. Nessa festa, ocorre a representação da coroação do rei e da rainha do ______________________.

2. Circule os desenhos que se relacionam com uma festa trazida pelos portugueses e que hoje é comum em todo o Brasil. Que festa é essa?

Vicente Mendonça/Arquivo da editora

____

3. O Carnaval é uma das principais festas do Brasil. Acontece todos os anos, há muito tempo, entre os meses de fevereiro e março. Observe a imagem dessa festa no passado e no presente. Depois, responda.

Hans Von Manteuffel/Opção Brasil Imagens

Maracatu Nação Leão da Campina desfila na Noite dos Tambores Silenciosos no Recife, no estado de Pernambuco, em 2015.

Keystone-France/Gamma-Keystone/Getty Images

Desfile de Carnaval na cidade do Rio de Janeiro, estado do Rio de Janeiro, em 1933.

a) Qual imagem mostra o Carnaval no passado? E no presente?

____

____

b) Aponte uma semelhança entre as duas festas.

____

c) Destaque uma diferença entre elas.

____

____

4. Conte aos colegas qual é sua festa preferida e por que você a prefere. Explique quando ela ocorre e o que ela celebra.

CAPÍTULO

9 O SABER POPULAR

AS LENDAS

Você sabe quem é o Saci-Pererê ou o Murucututu? Conhece a figura de um menino indígena que cuida da floresta?

Esses e outros personagens fazem parte da cultura popular brasileira. Vamos conhecer alguns deles.

O Curupira é um menino indígena que vive no mato e protege os animais e as plantas. Para enganar os caçadores, o Curupira tem os pés invertidos (os dedos virados para trás e os calcanhares para a frente).

Vicente Mendonça/Arquivo da editora

O Boitatá é uma cobra de fogo que castiga quem maltrata a floresta. O nome dessa cobra tem origem indígena: Mboitatá, que significa 'cobra de fogo'.

A Cuca às vezes tem a forma de uma bruxa velha com cabeça de jacaré. Ela aparece à noite para levar crianças desobedientes.

Vicente Mendonça/Arquivo da editora

- Destaque do **Material Complementar** as máscaras dos personagens das lendas brasileiras e brinque com os colegas.

ATIVIDADE

- Leia as frases e descubra qual personagem folclórico está falando cada uma delas.

  a) "Se alguém maltratar as plantas e os animais ou poluir os rios, eu corro para proteger a natureza. Eu sou um menino de pés para trás. Quem sou eu?"

  ____

  b) "Se você não consegue dormir, peça a um adulto para me chamar. Eu vou ajudar você a dormir bem. Quem sou eu?"

  ____

AS CANTIGAS

Pense nos brinquedos e nas brincadeiras do passado que ainda existem nos dias de hoje. Pipa, bolinha de gude, boneca, brincadeira de pega-pega, de corrida e muitas outras.

Mas será que as crianças também cantavam enquanto brincavam de roda? Você já brincou de roda cantando "Ciranda, cirandinha"?

Ciranda, cirandinha,
vamos todos cirandar.
Vamos dar a meia-volta,
volta e meia vamos dar.

O anel que tu me deste
era vidro e se quebrou.
O amor que tu me tinhas
era pouco e se acabou.

Cantiga popular.

Crianças brincam de roda na Escola Normal, na cidade de São Paulo, estado de São Paulo. Fotografia de 1908.

A ciranda é uma dança de roda infantil de origem portuguesa. As cantigas fazem parte do folclore brasileiro. Elas misturam canções africanas, indígenas e europeias.

Os mais velhos ensinam as cantigas aos jovens, que quando crescem ensinam para suas crianças. Isso vem acontecendo há séculos até chegar aos dias de hoje.

- Você conhece alguma cantiga de roda? Com quem você aprendeu a cantar essa cantiga?

ATIVIDADES

1 Faça um **X** na(s) frase(s) correta(s).

- [ ] As cantigas de roda fizeram parte das brincadeiras das crianças no passado e continuam nos dias de hoje.
- [ ] As cantigas de roda foram criadas pelos europeus.
- [ ] As cantigas fazem parte do folclore brasileiro e foram transmitidas de geração em geração.

2 Reescreva a(s) frase(s) incorreta(s) corrigindo-a(s).

Rubens Chaves/Pulsar Imagens

Cacique Vitor e crianças brincam de roda na Aldeia guarani Tekoa Pyau, na cidade de São Paulo, estado de São Paulo. Foto de 2015.

ATIVIDADES DO CAPÍTULO

1. Encontre e circule na imagem da floresta os personagens folclóricos do quadro.

Boitatá | Cuca | Curupira | Iara | Murucututu | Saci-Pererê

Vicente Mendonça/Arquivo da editora

2. Leia a cantiga de roda "Pombinha branca" e invente no seu caderno um final diferente para a personagem Pombinha.

Pombinha branca,
que está fazendo?
Lavando roupa
pro casamento.

Vou me lavar,
vou me trocar,
vou à janela
pra namorar.

Passou um homem
de terno branco,
chapéu de lado,
meu namorado.

Mandei entrar,
mandei sentar.
Cuspiu no chão,
limpa aí seu porcalhão!
Tenha mais educação!

Cantiga popular.

3. Leia o texto, descubra qual personagem da cultura popular o texto descreve e responda.

> Às vezes a gente está calmamente em casa com uma coisa na mão. O telefone toca. A gente atende. Bate um papo. Quando desliga, cadê a coisa que a gente estava segurando? Sumiu! A gente não consegue acreditar. A coisa estava aqui agorinha mesmo! A gente procura em todo canto, vira a casa de cabeça para baixo e nada. De repente, olha para o lado... não é possível! A coisa estava ali o tempo todo bem na cara da gente!
>
> **Armazém do folclore**, de Ricardo Azevedo. São Paulo: Ática, 2000. p. 18. (Adaptado).

a) Quando isso acontece as pessoas dizem que é travessura do

____

b) Essa situação que o texto descreve já aconteceu com você? Quando? Conte aos colegas.

4. Converse com uma pessoa mais velha sobre as cantigas de roda. Pergunte se ela conhece essa brincadeira, qual cantiga cantava, onde brincava e com quem. Escreva as informações nas linhas abaixo.

____

____

____

____

____

____

____

____

ENTENDER O TEMPO HISTÓRICO

Você já parou para pensar sobre a origem de outras festas comemoradas no Brasil? Vamos aprender mais sobre o Natal, o Chanucá (ou Hanucá) e o Divali, que tiveram origem em diferentes países, mas hoje também fazem parte da vida e da cultura de muitos brasileiros.

Veja as fotos e leia as legendas.

Beatrix Boscardin/Opção Brasil Imagens

Festa de Natal na Comunidade Portelinha organizada pelo Movimento de Organização de Base (MOB-PR) em Curitiba, estado do Paraná. Foto de 2014.

Noam Armonn/Alamy/Latinstock

Avós e netos comemoram o Chanucá em Barcelona, Espanha, em 2013.

Meninas acendem velas durante o Divali, o festival das luzes, celebrado em novembro na Índia. No Divali comemora-se a vitória do bem sobre o mal e homenageia-se Rama, divindade da religião hinduísta. Foto de 2012.

Narinder Nanu/Agência France-Presse

Essas celebrações têm origem em outros países e, quando passam a fazer parte da cultura brasileira, muitas vezes são adaptadas. Às vezes passam a incluir alimentos diferentes, típicos de cada região do país.

1. Como é celebrado o Natal no lugar onde você mora?

2. Na sua família é costume preparar comidas especiais em alguma festa? Escreva contando um pouco sobre isso.

3. Você conhece ou já participou de outras festas que não foram citadas no livro? Quais?

LER E ENTENDER

Cante com os colegas e o professor a cantiga a seguir, conhecida como "Se essa rua fosse minha".

ladrilhar: cobrir com ladrilhos.

Se essa rua fosse minha

Se esta rua, se esta rua fosse minha,
eu mandava, eu mandava ladrilhar
com pedrinhas, com pedrinhas de brilhante
para o meu, para o meu amor passar.

Nesta rua, nesta rua tem um bosque,
que se chama, que se chama Solidão.
Dentro dele, dentro dele mora um anjo,
que roubou, que roubou meu coração.

Se eu roubei, se eu roubei teu coração,
é porque tu roubaste o meu também.
Se eu roubei, se eu roubei teu coração,
é porque, é porque te quero bem.

Cantiga popular.

Vicente Mendonça/Arquivo da editora

- Você já conhecia essa cantiga?
- Você brinca de roda ou canta alguma cantiga enquanto brinca?
- Há alguma brincadeira de que você gosta e que é acompanhada por uma cantiga?

ANALISE

1. Quem, em sua opinião, é o anjo de que fala a cantiga?

2. Qual é o tema da cantiga "Se essa rua fosse minha"?

   ☐ Aventura ☐ Mistério ☐ Amor

3. Faça a seguir o que se pede:

   a) Pinte na cantiga as palavras repetidas.

   b) Essas repetições servem para:

      ☐ brincar com o leitor.

      ☐ dar melodia e ritmo.

      ☐ deixar a cantiga mais curta.

4. Em que brincadeiras você acha que essa cantiga pode ser usada?

RELACIONE

5. Cite três brincadeiras que você conhece e que fazem parte do folclore brasileiro.

6. Além de cantigas e de brincadeiras, quais outras manifestações culturais fazem parte de sua comunidade?

O QUE APRENDI?

1. Retome as questões que foram apresentadas na abertura desta Unidade. Discuta com os colegas e o professor como você as responderia agora.

2. Leia o texto da página ao lado e observe as imagens. Depois responda as perguntas:

a) Que festas hoje em dia são marcas da cultura brasileira?

____

____

b) Quem inventou as lendas brasileiras e seus personagens? Por que as lendas e os personagens são tão conhecidos?

____

____

Vicente Mendonça/Arquivo da editora

Folclore, ou saber popular, significa o conjunto das tradições, lendas e crenças de um país. Conhecendo o folclore de um local é possível compreender o povo e parte de sua história. [...] São gestos, símbolos, receitas de comidas, motivos dos bordados e até mesmo maneiras de chamar e dar comandos aos animais. Todas essas manifestações são muito próprias de cada cultura e são diferentes em cada região do Brasil. [...]

Disponível em: <www.brasil.gov.br/cultura/2009/10/folclore>. Acesso em: dez. 2015.

UNIDADE 4

AS CIDADES E SUAS HISTÓRIAS

- O que a imagem mostra?
- O que as crianças e os adultos estão fazendo?
- O que você acha que as pessoas podem aprender neste local?
- Esta cidade é parecida com a cidade onde você vive? Por quê?

Casarões coloniais e calçamento de pedra no centro histórico de Diamantina, no estado de Minas Gerais. Foto de 2015.

Foto: Cassandra Cury/Pulsar Imagens

Ilustrações: Evandro Luiz/Arquivo da editora

CAPÍTULO

10 AS CIDADES BRASILEIRAS

A CIDADE ONDE VOCÊ VIVE

Você costuma andar pelas ruas da cidade onde vive? Já observou como é a sua cidade? Ela fica perto do mar? Existem praias na cidade onde você mora? Há plantações próximas à sua casa?

As cidades brasileiras têm uma **área urbana** e uma **área rural**. Na área urbana vivem muitas pessoas e há grande número de construções: moradias, fábricas, lojas, bancos, escolas, etc.

Na área rural as construções são mais espaçadas e as pessoas em geral desenvolvem atividades ligadas ao cultivo da terra e à criação de animais.

Plantação de café na área rural da cidade de Campos Gerais, no estado de Minas Gerais. Foto de 2015.

João Prudente/Pulsar Imagens

Turistas na Praia da Jatiúca, na cidade de Maceió, capital do estado de Alagoas. Foto de 2015.

Rubens Chaves/Pulsar Imagens

ATIVIDADE

- Responda às perguntas a seguir sobre a cidade em que você mora.

a) Qual é o nome da cidade?

____

b) O que existe nela? Faça um **X** nas respostas.

☐ casa de alvenaria	☐ prédio
☐ parque	☐ casa de palafita
☐ casa de taipa	☐ cinema
☐ plantação	☐ padaria
☐ mercado	☐ praça
☐ árvores	☐ carro
☐ ônibus	☐ bicicleta
☐ escola	☐ museu
☐ biblioteca	☐ loja
☐ praia	☐ rio
☐ restaurante	☐ construção antiga
☐ igreja	☐ poste de eletricidade
☐ *shopping center*	☐ farmácia

Ilustrações: Evandro Luiz/ Arquivo da editora

c) Converse com os colegas sobre o lugar de que vocês mais gostam na cidade onde vivem e por quê.

alvenaria: construção de paredes que utiliza tijolo e cimento.

palafita: habitação construída sobre estacas.

taipa: construção de paredes que utiliza madeira e barro socado.

AS CIDADES TÊM HISTÓRIA

Você sabe há quantos anos a cidade onde você mora foi fundada? Já pensou como era a vida nesse lugar no passado? Assim como você e todas as pessoas, as cidades também têm uma história.

Será que no passado as ruas das cidades eram iluminadas como hoje? Observe a imagem.

Na aquarela **Primeiras ocupações da manhã** (1826), de Jean-Baptiste Debret, um africano escravizado baixa o lampião instalado na fachada de uma casa, na cidade do Rio de Janeiro. A partir de 1854, esses lampiões, que utilizavam óleo de baleia como combustível, foram substituídos por lampiões a gás.

A cidade do Rio de Janeiro não tinha nenhum tipo de iluminação até cerca de 1800, quando foram instalados nas ruas os primeiros candeeiros, que funcionavam com óleo de peixe. Esses lampiões eram acesos no início da noite e apagados pela manhã.

Nos anos 1850, as ruas da cidade de São Paulo receberam postes e lampiões a gás. Grande parte das cidades brasileiras começou a receber iluminação elétrica há cerca de cem anos.

Cartão-postal de 1910 que retrata o mercado Ver-o-Peso, na cidade de Belém, capital do estado do Pará.

E como é possível conhecer mais sobre a história das cidades? Por meio do estudo das fontes históricas: depoimentos de pessoas, fotos, reportagens de jornais, documentos do governo, objetos, pinturas, cartões-postais, revistas, livros, diários, cartas, etc.

ATIVIDADE

Converse com pessoas mais velhas e pesquise fontes históricas sobre a cidade em que você mora para responder às perguntas abaixo no caderno.

a) Em que ano a cidade foi fundada?

b) Em que ano as ruas receberam iluminação pública?

c) Existem construções antigas na cidade? Dê exemplos.

d) Sua cidade recebeu ou ainda recebe pessoas vindas de outros países? Explique.

ATIVIDADES DO CAPÍTULO

1. Faça um **X** nas frases corretas.

- ☐ Na cidade onde você vive todos os moradores têm acesso ao transporte público, aos parques e aos centros culturais.
- ☐ Todos podem conhecer as cidades brasileiras ou morar nelas.
- ☐ A responsabilidade de cuidar das cidades é dos moradores e de todos os visitantes e turistas.

Evandro Luiz/Arquivo da editora

2. Use as cores da legenda para pintar os quadrinhos abaixo.

Cidade no passado

Cidade no presente

- ☐ Não existia ônibus, carro ou avião. A maioria das viagens era feita a pé ou a cavalo.
- ☐ As ruas das cidades não eram iluminadas.
- ☐ As pessoas mais ricas usavam carruagem para viajar de um lugar a outro.
- ☐ As cidades têm iluminação elétrica, lixeiras e transporte público.

3. Observe as fotos da cidade do Rio de Janeiro, leia as legendas e responda às questões.

Reprodução/Acervo da Biblioteca Pública do Rio de Janeiro, RJ.

Enseada de Botafogo, na cidade do Rio de Janeiro, estado do Rio de Janeiro, 1904.

Jose Roberto Couto/Tyba

Enseada de Botafogo, na cidade do Rio de Janeiro, estado do Rio de Janeiro, 2011.

a) Que lugar as fotos mostram?

____

____

b) Em que ano foi tirada a foto **A**? E a foto **B**?

____

____

c) Observe as fotos e escreva duas mudanças que ocorreram nesse lugar ao longo dos anos.

____

____

4. Converse com os colegas: o que vocês gostariam de melhorar na cidade onde moram? Por quê?

CAPÍTULO

11 AS CIDADES HISTÓRICAS

AS CIDADES MINEIRAS

Você conhece alguma das cidades históricas localizadas no estado de Minas Gerais? Sabe por que essas cidades são importantes para a história do Brasil? Já viu imagens delas em revistas, livros, televisão ou internet?

cidades históricas: cidades que conservam características de um determinado período histórico no traçado das ruas e nas construções.

Reprodução/Museu da Inconfidência, Ouro Preto, MG.

Vista de Vila Rica (c. 1820), óleo sobre tela atribuído a Arnaud Julien Pallière.

A região onde hoje fica o estado de Minas Gerais foi ocupada por povos indígenas até 1698. Nesse ano, grupos de exploradores vindos da Bahia e de São Paulo descobriram ouro no local. Ao saber da descoberta, muitas pessoas de vários lugares do Brasil e até de outros países se dirigiram para a região das minas. Elas esperavam encontrar ouro e pedras preciosas e enriquecer.

Com a chegada de tanta gente, formaram-se diversas vilas que depois se tornaram cidades. Parte da riqueza obtida com a atividade mineradora foi usada para construir igrejas, moradias, mercados, praças e outras construções. Muitas delas estão preservadas e podem ser visitadas nos dias de hoje.

Vista da cidade de Ouro Preto (antiga Vila Rica), no estado de Minas Gerais. Foto de 2012.

Directphoto.bz/Alamy/Glow Images

Ao observar imagens de uma cidade histórica ou percorrer suas ruas podemos perceber como eram feitas as construções no passado. Podemos observar o traçado das ruas e praças, o estilo das construções e os materiais utilizados, o formato das portas e janelas, o feitio do telhado, o espaço interno das moradias, a utilização dos cômodos e muitos outros detalhes.

Ian Trower/Alamy/Glow Images

Rua da cidade de Ouro Preto, no estado de Minas Gerais, em foto de 2012.

Delfim Martins/Pulsar Imagens

No passado, as cidades da região das minas não tinham água encanada. Havia fontes e bicas públicas onde as pessoas buscavam água para cozinhar, lavar utensílios e roupas, tomar banho, etc. Na foto, chafariz do Caquende, construído em 1757. Centro histórico da cidade de Sabará, no estado de Minas Gerais. Foto de 2015.

ATIVIDADE

- Complete as frases com o que você aprendeu.

  a) No século 17 foi descoberto ouro na região onde hoje fica o estado de Minas Gerais. Por isso, muitas pessoas se mudaram para lá com o objetivo de ______________________.

  b) Parte da riqueza conseguida com a mineração foi usada para ______________________________________.

Pêssankas, ovos pintados à mão para comemorar a Páscoa, tradição dos descendentes de ucranianos.

João Prudente/Pulsar Imagens

AS CIDADES E OS IMIGRANTES

Conforme estudamos no Capítulo 7, pessoas de diferentes países se mudaram para o Brasil em busca de uma nova vida. Esses imigrantes vieram de diferentes países da Ásia e da Europa durante os séculos 19 e 20. Muitos deles procuravam melhores condições de vida e de trabalho.

No Brasil, os imigrantes foram viver em diferentes regiões. Seus costumes influenciaram a cultura local e passaram a fazer parte do dia a dia das cidades. Ao observar esses lugares podemos conhecer como era a vida dos imigrantes no passado e como vivem hoje seus descendentes.

Leia o texto a seguir e observe as fotos.

Em Prudentópolis, a 200 quilômetros de Curitiba, no estado do Paraná, os primeiros imigrantes ucranianos chegaram ainda no século 19. Cheios de esperança por uma vida melhor, eles encontraram apenas uma rua de lama rodeada por uma grande floresta de pinheiros. No início eles enfrentaram muitas dificuldades até que pudessem construir novas relações sociais e trabalhar no cultivo da terra e na criação de animais.

Hoje a cidade é conhecida pelas manifestações culturais e tradições trazidas pelos imigrantes e conservadas por seus descendentes. Nas escolas públicas de Prudentópolis, as crianças têm aula em português e em ucraniano. Elas praticam o idioma de seus antepassados em conversas na hora do recreio ou em situações do cotidiano, com seus familiares.

João Prudente/Pulsar Imagens

Igreja Ucraniana de São Miguel, no bairro Galícia, na zona rural da cidade de Prudentópolis, no estado do Paraná. Foto de 2012.

João Prudente/Pulsar Imagens

Mobiliário antigo e roupas típicas em exposição no Museu do Milênio de Prudentópolis, no estado do Paraná. Foto de 2012.

Os primeiros imigrantes japoneses chegaram ao Brasil no início do século 20. Atualmente seus descendentes estão em várias cidades de diferentes estados brasileiros. Observe a foto.

Cristiano Tomaz/Futura Press

A colônia japonesa local organiza a Festa da Cerejeira em Flor no período em que as árvores florescem na cidade de Campos do Jordão, no estado de São Paulo. A festa apresenta danças e músicas típicas e oferece comida japonesa. Foto de 2014.

ATIVIDADE

- Use as palavras abaixo para escrever um texto sobre cidades brasileiras que têm influência dos imigrantes.

séculos 19 e 20 | culinária | imigrantes | construções | Brasil | costumes

ATIVIDADES DO CAPÍTULO

1. O que podemos conhecer quando observamos as cidades históricas? Faça um **X** nas respostas corretas.

- ☐ Como era a vida no passado.
- ☐ Construções antigas, como eram feitas e com que materiais.
- ☐ Os alimentos trazidos pelos imigrantes, mas que não existem nos dias de hoje.
- ☐ Os costumes trazidos de outros países.

2. Na sua família há descendentes de imigrantes? De que países esses imigrantes vieram?

____

____

____

3. Cole os adesivos do **Material Complementar** na linha do tempo para completar as informações sobre as cidades históricas mineiras.

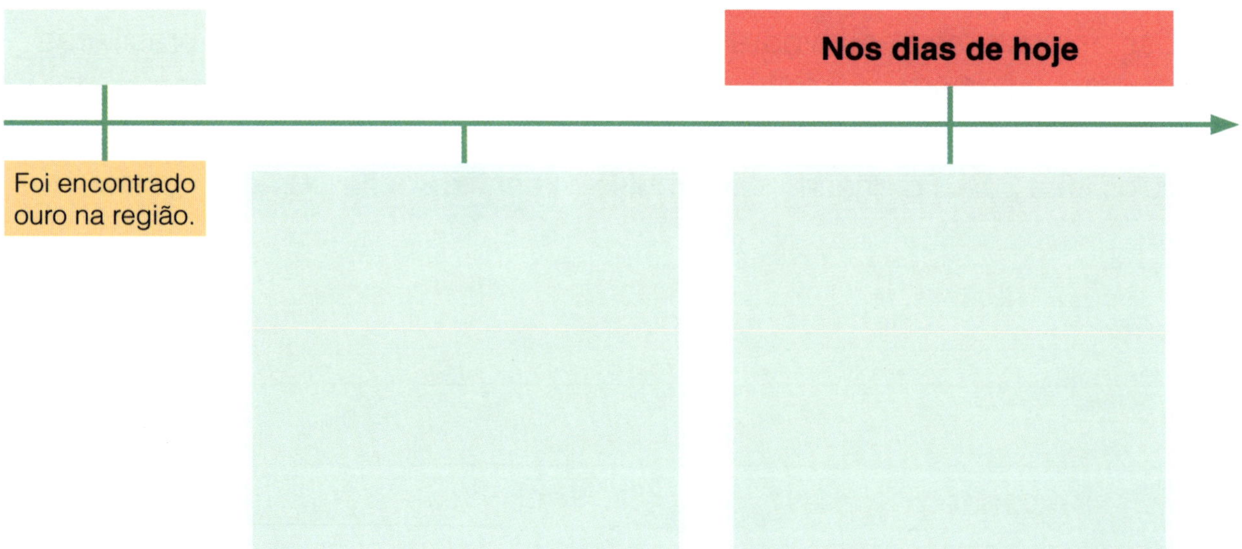

4. Leia o texto e responda às questões.

Os italianos começaram a chegar ao Sul [do Brasil] por volta de 1875. No atual estado do Rio Grande do Sul eles fundaram as colônias de Caxias (atual Caxias do Sul), Conde D'Eu (atual Garibaldi) e Dona Isabel (atual Bento Gonçalves).

Hoje essa região guarda muito da cultura italiana. Na cidade de Bento Gonçalves, por exemplo, é comum encontrar mulheres preparando massas e pães para os seus maridos e filhos, enquanto eles trabalham.

BOULOS JÚNIOR, Alfredo. **Imigrantes no Brasil (1870-1920)**. São Paulo: FTD, 2000. p. 16. (Adaptado).

Silvia Ricardo/Latinstock

Esta casa foi construída por imigrantes italianos em 1879 e está conservada até hoje em Caxias do Sul, no estado do Rio Grande do Sul.

a) Quando os italianos começaram a chegar ao Sul do Brasil?

____

b) Que outros aspectos da cultura italiana fazem parte do cotidiano das regiões brasileiras onde os italianos foram morar? Pesquise em livros ou na internet e dê exemplos.

____

____

____

5. O que pode acontecer se as cidades históricas não forem preservadas? Converse com os colegas sobre isso.

CAPÍTULO

12 ALDEIAS INDÍGENAS E COMUNIDADES QUILOMBOLAS

AS ALDEIAS INDÍGENAS

Você já pensou que podemos aprender sobre a cultura de um grupo indígena ao observar o local onde esse grupo vive? Você sabe o nome dado a um conjunto de habitações indígenas? Sabe como essas habitações são organizadas?

Aldeia é o nome dado a um conjunto de moradias indígenas. Existem hoje no Brasil cerca de 230 povos indígenas. Cada povo tem seu modo de construir as moradias e de organizar a aldeia.

A aldeia yawalapiti, que fica no Parque Indígena do Xingu, no estado do Mato Grosso, tem formato circular. Em cada moradia vivem diversas famílias que têm parentes entre si. Observe a foto.

Rogério Reis/Pulsar Imagens

Vista aérea da aldeia yawalapiti, às margens do Rio Xingu, em Gaúcha do Norte, no estado de Mato Grosso. Foto de 2012.

As aldeias dos Wajãpi, que vivem no Amapá e no Pará, não têm sempre o mesmo formato. Todas elas ficam perto de rios, mas a organização das moradias é diferente em cada aldeia.

Os Karajá vivem hoje nos estados de Goiás, Tocantins, Mato Grosso e Pará. Há séculos esse povo faz suas aldeias perto das margens do rio Araguaia e de seus lagos e afluentes. No cotidiano dos Karajá, o rio é a presença mais importante, fonte de água, alimento e costumes culturais. Cada aldeia tem seu território de pesca, caça e práticas rituais.

Ainda hoje os Karajá têm o costume de acampar com suas famílias em busca dos melhores locais para pescar peixes e tartarugas ao longo dos lagos, praias e afluentes do rio Araguaia. No passado eles faziam aldeias temporárias na época da seca, quando baixavam as águas do rio. Com a chegada das chuvas, mudavam-se para aldeias construídas em lugares altos, nos barrancos das margens, longe das enchentes; ali faziam suas roças e moradias.

Helio Nobre/Acervo do fotógrafo

Karajás na aldeia Fontoura, na ilha do Bananal, no estado do Tocantins. Foto de 2013.

ATIVIDADES

1 Forme um grupo com alguns colegas para buscar informações e imagens sobre um povo indígena. Se possível, acessem o *site* **Povos Indígenas do Brasil Mirim** (http://pibmirim.socioambiental.org/pt-br).

2 Cada grupo de alunos vai escolher um povo indígena diferente para estudar. Organizem um roteiro de temas para pesquisar:

a) quem são

b) onde estão

c) como vivem

d) línguas, saberes, rituais

e) dificuldades que enfrentam

3 Finalmente, os grupos vão organizar em conjunto um mural na sala de aula, apresentando as imagens e textos pesquisados.

AS COMUNIDADES QUILOMBOLAS

Você já ouviu falar em comunidade quilombola? Sabe que existem mais de 2 mil comunidades quilombolas no Brasil?

Você já deve saber que, no passado, milhares de homens, mulheres e crianças foram capturados na África e trazidos ao Brasil para trabalhar como escravos. Aqui foram obrigados a trabalhar em plantações, no serviço doméstico e em outras atividades. Perderam sua liberdade e durante muitos anos sofreram castigos, torturas e maus-tratos.

Os africanos escravizados resistiram e lutaram contra a escravidão. Muitos deles fugiram para o mato e criaram comunidades chamadas **quilombos**, onde podiam viver e trabalhar livremente. Os moradores dos quilombos eram chamados de **quilombolas**.

Em 1888, com o fim da escravidão no Brasil, muitas famílias que viviam nos quilombos continuaram nessas comunidades. Seus descendentes conservaram a cultura e as tradições de seus antepassados.

Festa do Império de São Gonçalo na comunidade quilombola Kalunga Vão do Moleque em Cavalcante, no estado de Goiás. Foto de 2015.

Ricardo Teles/Pulsar Imagens

Vamos conhecer algumas comunidades quilombolas do Vale do Ribeira, no estado de São Paulo, e no estado do Rio de Janeiro. Observe as fotos e leia as legendas para saber mais sobre o cotidiano dos quilombolas.

Edson Grandisoli/Pulsar Imagens

Igreja de Nossa Senhora do Rosário dos Homens Pretos no quilombo Ivaporunduva, em Eldorado, no estado de São Paulo. Foto de 2013.

Alf Ribeiro/Pulsar Imagens

Casa de pau-a-pique utilizada para a venda de artesanato quilombola na beira da BR-101, em Parati, no estado do Rio de Janeiro. Foto de 2014.

Edson Grandisoli/Pulsar Imagens

Casa de pau-a-pique no quilombo Ivaporunduva, em Eldorado, no estado de São Paulo. Foto de 2013.

Edson Grandisoli/Pulsar Imagens

Crianças quilombolas no quilombo Pedro Cubas, em Eldorado, no estado de São Paulo. Foto de 2013.

ATIVIDADES

- Existem comunidades quilombolas ou aldeias indígenas perto do lugar onde vocês moram? Conversem com o professor sobre o assunto.

ATIVIDADES DO CAPÍTULO

1. Leia as frases e pinte usando as cores da legenda.

- Aldeias indígenas
- Comunidades quilombolas

☐ Existem mais de 2 mil no Brasil.

☐ As moradias podem ser organizadas de diferentes formas; por exemplo, em círculo.

☐ Muitas são construídas perto de rios.

☐ Foram fundadas por pessoas que vieram da África.

2. Leia o que Naldo escreveu para o amigo Pedro. Depois, faça o que se pede.

> Oi, Pedro!
>
> Lembra que nós aprendemos sobre os griôs, as pessoas que na África contam as histórias antigas de seu povo para os mais novos? E quando os jovens crescerem eles também contarão para as crianças essas histórias. Assim elas chegarão até nossos dias. Então, agora eu sei que nas comunidades quilombolas do Brasil existem pessoas que têm a mesma função dos griôs e contam como era a vida nesses lugares antigamente. Acho que podemos fazer nosso cartaz sobre isso. Você concorda?
>
> Até,
>
> Naldo

- Imagine que você vai visitar uma comunidade quilombola descrita por Naldo. O que você poderia aprender sobre a cultura africana no Brasil? E se você quisesse saber mais sobre a história dessa comunidade, com quem conversaria? Grife as respostas no texto.

3. Leia o texto sobre os Karajá e observe as fotos.

Nas aldeias karajás, os homens e as mulheres têm atividades diferentes. Os homens cuidam da defesa do território, da construção das moradias, abrem espaço para as roças, organizam e participam de pescarias familiares e coletivas. Também costumam se reunir para discutir a administração da aldeia, as atividades rituais e a participação do grupo na sociedade nacional, ou seja, como se relacionar com o governo sobre as terras indígenas, as invasões de seu território e outras questões.

As mulheres são responsáveis pela educação dos meninos até a idade da iniciação e das meninas de modo permanente. Cuidam das tarefas domésticas, cozinham e colhem produtos da roça. Organizam os casamentos dos filhos, fabricam bonecas de cerâmica e se dedicam à pintura e ornamentação das crianças, das moças e dos homens para os rituais do grupo. Elas também preparam os alimentos nas principais festas e são responsáveis pela memória afetiva da aldeia, expressa por meio de choros rituais quando alguém fica doente ou morre.

Homens e mulheres. Disponível em: <http://pib.socioambiental.org/pt/povo/karaja/370>. Acesso em: dez. 2015. (Adaptado).

Hélio Nobre/Acervo do fotógrafo

Indígenas do povo karajá em foto de 2012.

Rosa Gauditano/Studio R

Indígenas da etnia karajá fotografados durante os XII Jogos Indígenas em Cuiabá, no estado do Mato Grosso. Foto de 2013.

a) Quais são as atividades dos homens nas aldeias karajás?

b) Quais são as atividades das mulheres?

ENTENDER O TEMPO HISTÓRICO

As mulheres do grupo karajá fabricam bonecas de cerâmica, que são vendidas em diferentes locais, e com isso contribuem para a subsistência do grupo. Mas de onde vem esse conhecimento?

Estudos arqueológicos mostram que no Brasil a técnica da cerâmica teve origem na Amazônia e dali se expandiu para outros locais. Restos de vasilhas datados de 8 mil anos atrás foram encontrados ao longo do rio Amazonas e de seus afluentes. Esses e outros vestígios indicam que ali viveram grupos humanos que tinham um estilo de vida adaptado ao ambiente dos rios, com atividades de pesca, coleta e cultivo de produtos como a abóbora, a mandioca e o milho. Veja na ilustração onde viveram esses grupos.

Evandro Luiz/Arquivo da editora

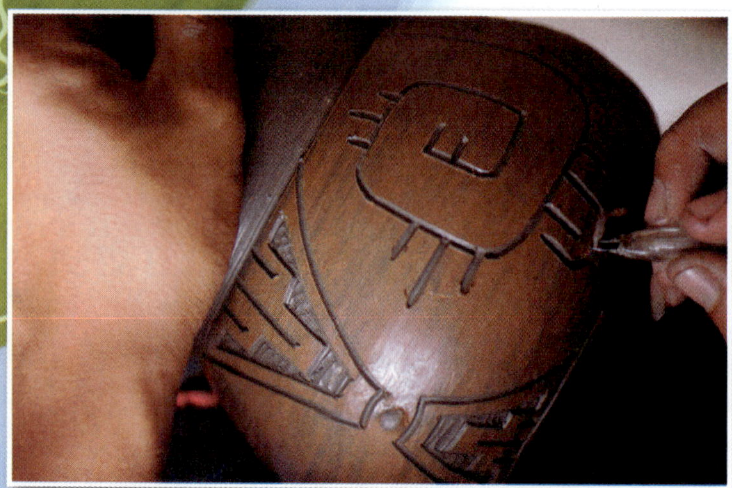

Fabio Colombini/Acervo do fotógrafo

Ceramistas da região mantêm a tradição da cerâmica marajoara.

Agora leia o texto a seguir.

> Por volta de mil anos atrás, culturas muito complexas se desenvolveram ao longo do rio Amazonas. As culturas marajoara e tapajônica, com seus enfeites e cerâmicas muito bem trabalhados, são exemplos da beleza das culturas amazônicas. [...] A Amazônia pode ser vista como berço de vários povos indígenas que, a partir dali, se expandiram e também conquistaram grande parte do que hoje é o Brasil.
>
> Disponível em: <www.pibmirim.socioambiental.org/antes-de-cabral/ocupacao-brasil>. Acesso em: 18 jan. 2016.

Acervo do Museu de História Natural, Nova York, NY, EUA./Foto: Fabio Colombini

Cerâmica marajoara datada de c. 400-800, originária da ilha de Marajó, no estado do Pará.

Acervo do Museu Paraense Emílio Goeldi, PA./Foto: Rômulo Fialdini

Vasos restaurados, em forma de animais, cerâmica de cultura Santarém. Produzidos entre os anos 1000 e 1400.

1. Que tal trabalhar com argila como as mulheres do povo karajá? Depois de amassar e bater bem o barro, vocês podem modelar vasilhas, animais, bonecas ou outros objetos.

2. Lembrem-se de que o barro modelado deve estar bem seco antes de ser pintado com tinta guache ou outra tinta que vocês escolherem.

3. No final, organizem uma exposição dos trabalhos na sala de aula ou em outro lugar da escola.

LER E ENTENDER

Você sabe o que é um mito? Conhece algum?

Leia o texto a seguir para saber mais sobre esse tipo de narrativa.

mito: narrativa na qual aparecem seres e acontecimentos imaginários, que simbolizam forças da natureza, aspectos da vida humana, e outros.

O mito de origem dos Karajá conta que eles moravam numa aldeia, no fundo do rio, onde formavam a comunidade do “povo do fundo das águas”. Eles viviam muito satisfeitos, habitando esse espaço limitado. Um jovem karajá, interessado em conhecer a superfície, encontrou uma passagem para a ilha do Bananal. Fascinado pelas praias e riquezas do rio Araguaia e pelo espaço para correr e morar, o jovem reuniu outros Karajá e subiram até a superfície.

Tempos depois, encontraram a morte e as doenças. Tentaram voltar, mas a passagem estava fechada e guardada por uma grande cobra, por ordem de Koboi, chefe do povo do fundo das águas. Os Karajá resolveram então se espalhar pelo Araguaia, rio acima e rio abaixo. Com Kynyxiwe, o herói mitológico que viveu entre eles, conheceram os peixes e muitas coisas boas do grande rio.

Depois de muitas aventuras, o herói casou-se com uma moça karajá e foi morar na aldeia do céu, cujo povo ensinou os Karajá a fazer roças.

Cosmologia, mitos e ritos. Disponível em: <http://pib.socioambiental.org/pt/povo/karaja/374>. Acesso em: dez. 2015. (Adaptado).

Vicente Mendonça/Arquivo da editora

ANALISE

1. Sobre o mito que você leu, responda:

a) O mito fala da origem de qual povo indígena?

____

b) Segundo o mito, onde e como esse povo vivia?

____

c) O que fez um jovem indígena?

____

____

d) O que aconteceu depois?

____

____

____

e) Os indígenas só encontraram coisas boas na superfície do rio?

____

____

____

RELACIONE

2. Esse mito tem relação com a atual localização das aldeias dos Karajá? Por quê?

____

____

O QUE APRENDI?

1. Retome as questões apresentadas na abertura desta Unidade. Discuta com os colegas e o professor como você as responderia agora.

2. A cidade onde você mora sempre foi do jeito que é hoje? Cite alguns locais que existem na cidade e você acha que não existiam há cem anos.

____

3. No Capítulo 11 pudemos ver imagens atuais de cidades históricas. Em sua opinião, por que essas cidades ainda preservam as construções antigas? As construções de outras épocas são importantes para os dias de hoje? Por quê?

____

____

____

4. Consulte o Capítulo 12 e depois preencha o quadro abaixo.

Moradias	Comunidades quilombolas	Aldeias indígenas
Como são		
Diferenças em relação ao lugar onde moro		

Você chegou ao final do livro de História do 3º ano. Quanta coisa você aprendeu! Que tal folhear o livro devagar e relembrar os textos, imagens e atividades que você viu ao longo do ano? Ao retomar cada Unidade, comente o que você mais gostou de aprender e o porquê.

- **UNIDADE 1**: O TEMPO PASSA

- **UNIDADE 2**: FAZEMOS HISTÓRIA

- **UNIDADE 3**: TEMOS UMA CULTURA

- **UNIDADE 4**: AS CIDADES E SUAS HISTÓRIAS

PARA SABER MAIS

LIVROS

Reprodução/Ed. Cortez

ABC dos direitos humanos, de Dulce Seabra e Sérgio Maciel. São Paulo: Cortez, 2012.

A Declaração Universal dos Direitos Humanos estabelece os direitos de todas as pessoas. Por isso, é um documento muito importante. Este livro apresenta o texto da declaração em linguagem clara e acessível.

Reprodução/Ed. Alvorada

Cadê a TV que tava aqui?, de Mirian Montanari Grüdtner. Campo Grande: Alvorada, 2011.

Com este livro, você vai refletir sobre o papel da televisão e dos computadores no seu dia a dia e perceber que, mesmo com tanta tecnologia disponível, as crianças precisam ter tempo para brincar e estudar!

Reprodução/Ed. Moderna

Cordel África, de César Obeid. São Paulo: Moderna, 2014.

Este livro apresenta um passeio pela cultura africana, que tanto colaborou para a formação do povo brasileiro. A obra foi escrita na forma de literatura de cordel. As ilustrações são feitas com a técnica da xilogravura.

Reprodução/Ed. Cortez

Descobrindo a Arqueologia: o que os mortos podem nos contar sobre a vida, de Luiz Pezo Lanfranco, Cecília Petronilho e Sabine Eggers. São Paulo: Cortez, 2014.

Duas crianças conversam com seu avô, um arqueólogo. Nesse bate-papo divertido, elas vão descobrir que a Arqueologia permite entender como povos antigos viviam.

Reprodução/Ed. Positivo

É festa! E quem é que não gosta?, de Vitória Rodrigues e Silva. Curitiba: Positivo, 2015.

Comemorando conquistas individuais ou de uma comunidade, bem como tradições ligadas à história ou à religião, as festas são importantes marcas de um povo. Este livro mostra as principais festas brasileiras.

Reprodução/Ed. Cosac Naify

No tempo do verão: um dia na aldeia ashaninka, de Rita Carelli. São Paulo: Cosac Naify, 2015.

Vamos passar um dia na aldeia indígena ashaninka? Com este livro, você vai conhecer os habitantes da aldeia, o trabalho deles, as atividades das crianças e o cotidiano da vida na floresta.

VÍDEO

Reprodução/<http://portacurtas.org.br/filme/?name=cacadores_de_saci>

Caçadores de saci

<http://portacurtas.org.br/filme/?name=cacadores_de_saci>,

de Sofia Federico. Brasil, 2005. Duração: 13 min. Acesso em: 15 out. 2015.

Cinco sacis aprontam muitas confusões na chácara de uma família: o feijão queima, os óculos da vovó desaparecem, o leite fica azedo... Vamos acompanhar a caçada aos sacis?

DVD

Reprodução/Gravadora MCD

Cantigas de roda. Palavra Cantada. (DVD). MCD, 2015.

Este DVD apresenta 10 vídeos gravados por Sandra Peres e Paulo Tatit. Cantigas tradicionais admiradas por crianças e adultos, como "A canoa virou", "Peixe vivo" e "Sapo jururu", e outras.

Site

Turminha do MPF

<www.turminha.mpf.mp.br>. Acesso em: 15 out. 2015.

Site do Ministério Público Federal destinado a crianças. Textos, imagens, jogos e reportagens que tratam da cultura brasileira, da formação cidadã e do meio ambiente.

MUSEUS

Museu Afro-Digital do Maranhão

<www.museuafro.ufma.br/site>

Este é um museu digital dedicado à cultura, ao trabalho e à memória de africanos e afrodescendentes do estado do Maranhão. Clique na aba "Coleções" e vá para "Quilombos", que apresenta fotos e informações sobre diversas comunidades quilombolas.

Museu Histórico da Imigração Japonesa no Brasil

<www.museubunkyo.org.br>

Site do Museu Histórico da Imigração Japonesa no Brasil, localizado na cidade de São Paulo. O acervo conta com mais de 97 mil itens de imigrantes japoneses que chegaram ao Brasil, como fotos, jornais, livros, quadros, vestimentas e ferramentas.

Acessos em: 15 out. 2015.

BIBLIOGRAFIA

ALMEIDA, José Luís V.; ARNONI, Maria Eliza B.; OLIVEIRA, Edilson M. de. *Mediação dialética na educação escolar*: teoria e prática. São Paulo: Edições Loyola, 2007.

BARTON, Keith. Qual a utilidade da História para as crianças? Contributos do ensino de História para a cidadania. In: BARCA, Isabel (Org.). *Para uma educação histórica de qualidade*. Actas da IV Jornada Internacional de Educação Histórica. Minho: Centro de Investigação em Educação (Cied)/Instituto de Educação em Psicologia. 2004.

BITTENCOURT, Circe. *Ensino de História*: fundamentos e métodos. São Paulo: Cortez, 2009.

________. *O saber histórico na sala de aula*. São Paulo: Contexto, 1998.

BLOCH, Marc. *Apologia da História ou O ofício de historiador*. Rio de Janeiro: Jorge Zahar, 2002.

BRASIL. Ministério da Educação. Secretaria de Educação Fundamental. *Parâmetros Curriculares Nacionais*: apresentação dos temas transversais — Ética. Brasília, 1997.

________. Ministério da Educação. Secretaria de Educação Fundamental. *Parâmetros Curriculares Nacionais*: História, Geografia. Brasília, 1997.

________. Ministério da Educação. Secretaria de Educação Fundamental. *Parâmetros Curriculares Nacionais*: Meio Ambiente, Saúde. Brasília, 1997.

________. Ministério da Educação. Secretaria de Educação Fundamental. *Parâmetros Curriculares Nacionais*: Pluralidade Cultural, Orientação Sexual. Brasília, 1997.

BURKE, Peter (Org.). *A escrita da História:* novas perspectivas. São Paulo: Ed. da Unesp, 1992.

CARDOSO, Ciro Flamarion; VAINFAS, Ronaldo (Org.). *Domínios da História:* ensaios de teoria e metodologia. Rio de Janeiro: Campus/Elsevier, 1997.

CERTEAU, Michel. *A escrita da História*. Rio de Janeiro: Forense-Universitária, 1982.

COLL, César; TEBEROSKY, Ana. *Aprendendo História e Geografia:* conteúdos essenciais para o Ensino Fundamental de 1ª a 4ª série. São Paulo: Ática, 2000.

DEL PRIORE, Mary (Org.). *História das crianças no Brasil*. 7. ed. São Paulo: Contexto, 2010.

GOULART, I. B. *Piaget:* experiências básicas para utilização pelo professor. Petrópolis: Vozes, 2003.

GRUPIONI, Luís Donisete. *Índios no Brasil*. São Paulo: Global, 2005.

HOBSBAWM, Eric. *Sobre História*. São Paulo: Companhia das Letras, 1998.

HOLANDA, Sérgio Buarque. *Raízes do Brasil*. 26. ed. São Paulo: Companhia das Letras, 2012.

KARNAL, Leandro (Org.). *História na sala de aula*. São Paulo: Contexto, 2003.

PINSKY, Jaime. *O ensino de História e a criação do fato*. São Paulo: Contexto, 2002.

ROCHA, Rosa Margarida de Carvalho. *Almanaque pedagógico afro-brasileiro*. Belo Horizonte: Mazza, 2006.

SCATAMACHIA, Maria C. M. *O encontro entre culturas*. São Paulo: Atual, 2008.

SIMAN, Lana Mara de Castro. A temporalidade histórica como categoria central do pensamento histórico: desafios para o ensino e a aprendizagem. In: ROSSI, Vera Lúcia Sabongi de; ZAMBONI, Ernesta (Org.). *Quanto tempo o tempo tem!*. Campinas: Alínea, 2003.

VAINFAS, R. História das mentalidades e história cultural. In: CARDOSO, C. F; VAINFAS, R. (Org.). *Domínios da História:* ensaios de teoria e metodologia. Rio de Janeiro: Campus, 1997.

VYGOTSKY, Lev S. *A formação social da mente*. São Paulo: Martins Fontes, 1984.

________. *Pensamento e linguagem*. São Paulo: Martins Fontes, 2003.

JOGO:
ORIGEM DAS PALAVRAS

INSTRUÇÕES

Este jogo contém: 2 dados para destacar e montar, 6 peões para destacar e montar e 5 CARTAS-SURPRESA para destacar.

Número de participantes: 2 a 6.

Você vai precisar de: cola.

Regras do jogo

- Escolha um peão e coloque-o no INÍCIO.
- Embaralhe as CARTAS-SURPRESA e coloque-as ao lado do tabuleiro, viradas para baixo.
- Escolha seu personagem.
- Jogue o dado com os personagens para saber quem começa o jogo.
- Jogue o dado numerado e ande a quantidade de casas igual ao número sorteado.
- Siga as instruções das casas.
- Vence o jogo quem chegar primeiro ao final do tabuleiro.

INÍCIO
1
2
3
Seu filme preferido começará daqui a pouco! Pule mais três casas para começar logo a fazer a **pipoca**. (pipoca: palavra de origem indígena = *pi'poka*, que significa 'pira' = 'pele' mais 'pok' = 'estourar'.)
CARTA-SURPRESA
13
12
11
14
Volte para a casa onde o **camundongo** está escondido e faça o que ele pedir. (camundongo: palavra de origem africana = *okamundongo*, que significa 'rato, roedor'.)
CARTA-SURPRESA
15
Você tem muita sorte! Vá a **confeitaria** da casa 19 e veja o que o espera. (confeitaria: palavra de origem italiana = *confetto*, que significa 'docinho'.)
16
17
Que azar! Veja a quantidade de letras que a palavra **abacaxi** possui e volte o mesmo número de casas. (abacaxi: palavra de origem indígena = *iwa'kati*, que significa 'fruta cheirosa'.)

COLE

CARTA-SURPRESA
4
5
Você parou para comer um delicioso *sushi*. Fique uma rodada sem jogar. (*sushi*: palavra japonesa que dá nome a um tradicional bolinho de arroz.)
6
Você se meteu numa grande **encrenca**! Volte uma casa. (encrenca: palavra de origem alemã = *krank*, que signica 'doente'.)
7
Este jogo vai dar **samba**! Escolha um jogador para ficar ao seu lado. (samba: palavra de origem africana = *semba*, que significa 'umbigada'.)
CARTA-SURPRESA
8
9
10
Seu amigo vai viajar para **Goiás**. Espere três jogadas para se despedir dele. (Goiás: palavra de origem indígena = *gwa ya*, que significa 'gente semelhante, da mesma raça'.)
RESA
CARTA-SURPRESA
18
19
Oh, você quebrou um **espelho** e são sete anos de azar, volte três casas! (espelho: palavra derivada do latim *speculum*, que significa, literalmente, 'espelho'.)
20
Volte para a casa 4. O **palhaço** de lá tem uma surpresa pra você! (palhaço: palavra de origem italiana = *pagliaccio*, de *paglia*, que significa 'palha', que era usada para encher as roupas coloridas.)
CHEGADA

Destaque e monte este envelope e guarde nele as peças do jogo **Origem das palavras**.

DOBRE

COLE

Destaque e monte os dados seguindo as marcações para dobrar e colar.

DOBRE

COLE

Destaque o seu peão.

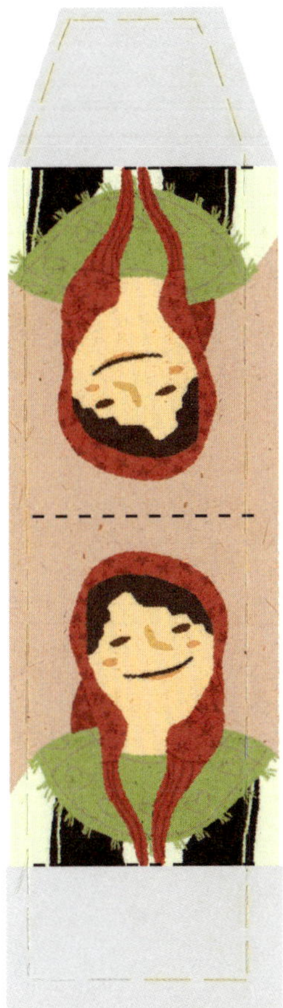
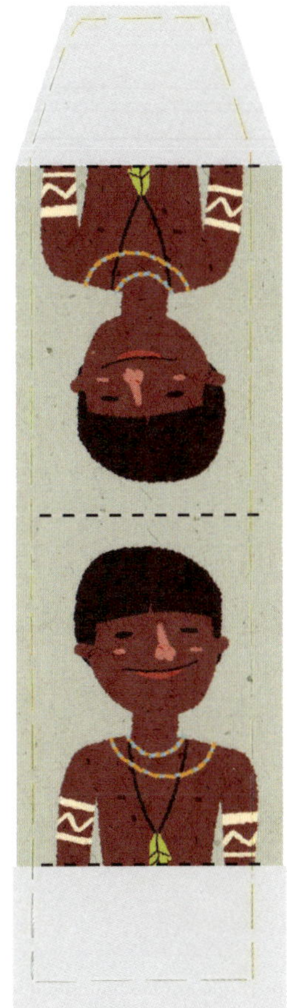

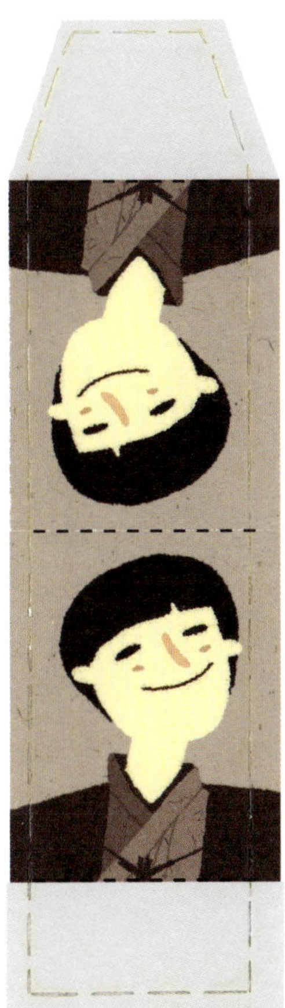

Atividade da página **67** do livro

Destaque as CARTAS-SURPRESA.

JOGO:
ORIGEM DAS PALAVRAS

CARTA-SURPRESA

JOGO:
ORIGEM DAS PALAVRAS

CARTA-SURPRESA

JOGO:
ORIGEM DAS PALAVRAS

CARTA-SURPRESA

JOGO:
ORIGEM DAS PALAVRAS

CARTA-SURPRESA

JOGO:
ORIGEM DAS PALAVRAS

CARTA-SURPRESA

NÃO SAIA
DO LUGAR!

TROQUE DE
LUGAR COM O
JOGADOR QUE
ESTÁ LOGO
ATRÁS DE VOCÊ
NO TABULEIRO.

JOGUE O DADO
NOVAMENTE
E VOLTE A
QUANTIDADE
DE CASAS
IGUAL AO
NÚMERO
SORTEADO.

JOGUE O DADO
NOVAMENTE
E ESCOLHA
UM AMIGO
PARA ANDAR
A MESMA
QUANTIDADE
DE CASAS.

TROQUE DE
LUGAR COM O
JOGADOR QUE
ESTÁ LOGO NA
SUA FRENTE
NO TABULEIRO.

MÁSCARA DO BOITATÁ

Atividade da página **81** do livro

Você vai precisar de: elástico.

Como fazer:

- Destaque a máscara pressionando a linha pontilhada.
- Destaque o círculo de cada olho.
- Prenda as pontas do elástico em cada lado da máscara nos lugares indicados.
- Coloque a máscara com cuidado em seu rosto e divirta-se!

MÁSCARA DA CUCA

Atividade da página **81** do livro

Você vai precisar de: elástico.

Como fazer:

- Destaque a máscara pressionando a linha pontilhada.
- Destaque o círculo de cada olho.
- Prenda as pontas do elástico em cada lado da máscara nos lugares indicados.
- Coloque a máscara com cuidado em seu rosto e divirta-se!

Elástico

MÁSCARA DO CURUPIRA

Atividade da página **81** do livro

Você vai precisar de: elástico.

Como fazer:

- Destaque a máscara pressionando a linha pontilhada.
- Destaque o círculo de cada olho.
- Prenda as pontas do elástico em cada lado da máscara nos lugares indicados.
- Coloque a máscara com cuidado em seu rosto e divirta-se!

Elástico

MÁSCARA DA IARA

Atividade da página 81 do livro

Você vai precisar de: elástico.

Como fazer:

- Destaque a máscara pressionando a linha pontilhada.
- Destaque o círculo de cada olho.
- Prenda as pontas do elástico em cada lado da máscara nos lugares indicados.
- Coloque a máscara com cuidado em seu rosto e divirta-se!

MÁSCARA DO MURUCUTUTU

Atividade da página **81** do livro

Você vai precisar de: elástico.

Como fazer:

- Destaque a máscara pressionando a linha pontilhada.
- Destaque o círculo de cada olho.
- Prenda as pontas do elástico em cada lado da máscara nos lugares indicados.
- Coloque a máscara com cuidado em seu rosto e divirta-se!

MÁSCARA DO SACI-PERERÊ

Atividade da página **81** do livro

Você vai precisar de: elástico.

Como fazer:

- Destaque a máscara pressionando a linha pontilhada.
- Destaque o círculo de cada olho.
- Prenda as pontas do elástico em cada lado da máscara nos lugares indicados.
- Coloque a máscara com cuidado em seu rosto e divirta-se!

Sérgio Dotta Jr./Arquivo da editora

Reprodução/Acervo de Laerte Pastore

Max Topchii/Shutterstock/Glow Images

Podemos saber como eram as roupas, os enfeites e outros objetos usados.

Podemos saber que produziam vasos de cerâmica e como esses vasos eram pintados.

Podemos saber como eram os móveis e de que material eram feitos.

Conhecemos os sarcófagos, caixões onde o corpo dos faraós era guardado depois da morte.

Atividade da página 52 do livro

NÃO ACEITE CONVITE DE ESTRANHOS.

TENHA CUIDADO AO DIVULGAR SUAS FOTOS E AS FOTOS DE AMIGOS E FAMILIARES.

NÃO FIQUE O TEMPO TODO NO COMPUTADOR! BRINQUE COM SEUS COLEGAS E AMIGOS, EM CASA, NA RUA OU NO PARQUE.

Atividade da página 104 do livro

Parte da riqueza foi usada nas construções em Minas Gerais.

Muitas construções estão preservadas e podem ser visitadas.